U0477761

场景纪元

ERA OF CONTEXT

吴声 著

中信出版集团 | 北京

图书在版编目（CIP）数据

场景纪元 / 吴声著 . -- 北京：中信出版社，2020.8
ISBN 978-7-5217-2045-7

Ⅰ.①场… Ⅱ.①吴… Ⅲ.①商业管理 Ⅳ.① F715

中国版本图书馆 CIP 数据核字（2020）第 127843 号

场景纪元

著　　者：吴声
出版发行：中信出版集团股份有限公司
　　　　（北京市朝阳区惠新东街甲 4 号富盛大厦 2 座　邮编　100029）
承　印　者：北京尚唐印刷包装有限公司

开　本：787mm×1092mm　1/16	印　张：16.25　字　数：138 千字
版　次：2020 年 8 月第 1 版	印　次：2020 年 8 月第 1 次印刷
书　号：ISBN 978-7-5217-2045-7	
定　价：69.00 元	

版权所有·侵权必究
如有印刷、装订问题，本公司负责调换。
服务热线：400-600-8099
投稿邮箱：author@citicpub.com

目录

自　序　为什么是场景纪元　VII

第一章　万物车联：全新的场景竞争　001

- 特斯拉主义：「数字化的车」是专注场景连接的新一代移动终端　005
- 商业在高速流变中重来一遍　021
- 打开下一个伟大周期　033

第三章　从万物车联到场景互联：新商业进化以场景为中心　091

- 商业进化的场景越界　095
- 数字生活方式：「数字化的人」突围　103
- 场景互联：数字商业的主流模式　121
- 新商业进化：从数字到场景　129

第二章 场景开发：创建新的有效时间 049

- 有意义的新场景不断生成 053
- 场景设计力：应对不确定的确定性能力 063
- 有效时间所定义的新生活方式 077

第五章 场景纪元：让随机的生活别有意义 189

一切都在场景化 193

场景复活的「共享」 201

无处不在的场景解决方案 207

场景DTC：成分、情绪、气质 213

后记 人是场景，仍在延伸 225

第四章 场景订阅方法论：持续占据有效时间的简洁模式　141

- 场景订阅三要素：解决方案、场景会员、意义驱动　145
- 解决方案：让每个细分场景都长出新生活方式　155
- 场景会员：构建以场景解决方案为权益的会员机制　165
- 意义驱动：对新有效时间的饱和攻击与价值供给　175

场景纪元

ERA OF CONTEXT

自序
为什么是场景纪元

数据的个体，身份的场景

齐格蒙特·鲍曼（Zygmunt Bauman）提出"液态社会"概念之初，甚少想到数字化的进程会如此之快、如此之深。万物互联的时代旋即成为现实，数据合理诠释"液态"，也在重塑商业的个体与场景。

多样性的回归：有趣的人，有纪律的货，有内容的场

人、货、场不仅之于零售，之于主流商业仍是很好的解释框架，但内涵和外延的变化远胜过往：

数字化的人，是有趣味的人，可以横跨抖音、快手、油管（YouTube）一窥直播背后的人设共性，趣味其实在于多样性；

数字化的货，是有纪律的货，决定了算法效率，也隐喻了供应链制胜的生鲜零售、网红经济和DTC（Direct To Consumer，直接面对用户的品牌建立方式）趋势；

数字化的场，是有内容的场，注解流量的生生不息，也为社交裂变与社群运营提供了切实可行的运营依据。

数据连接精准而智慧，苟日新，日日新。从PC互联网到移动互联网

用了差不多 20 年，从移动互联网到场景互联网，不过 10 年，已是天上人间。从以信息为中心到以人为中心的认知改变似乎才形成共识，我们又开始思考最重要的场景变化。为何是范式转移？新的商业规则如何以场景为中心？时时场景，处处场景，是不是全新的社会心理基础与商业底层？如此便能解释，为什么漫无边际的数据应该让位于场景化的数据。

5 年前，我写《场景革命》，思考的是流量迭代，是人与商业如何重新连接。在电子商务、互联网金融、社交应用等业态，以及 App 产品的研发，场景规划作为优先的体验设计和交互逻辑，是绝大部分应用的产品经理文档。不过短短几年，信息流、空间数字化、新能源汽车、扫码购、小程序、"直播+"不断涌现，商业逻辑已进化为数据的生产、挖掘与数据之间的协作和竞争。算法进入每个颗粒度场景，是场景算法，是场景协作，本质是算法驱动的场景竞争。从数字到场景，新的游戏规则可谓一夜春风。

场景生态位驱动新物种进化

无论类似拼多多、Zoom（云视频会议工具）这样的新物种横空出世，还是如同微软、美团点评的不断进化，都因为占据了独特的场景生态位：微信、视频会议、云服务、本地生活。但如何理解特斯拉这样的公司？它参照的是苹果模式，还是走向新能源公司之路？

品类与定位不再是商业竞争的决定性要素，场景才是。机器人不是作为机械手或人形机械而存在，是陪伴场景或者高空作业场景决定了其发展方向。"宅经济"抑或"农药喷洒"的场景，设计了机器人灵活演进的方向，加上传感器与数据反馈的优化，有理由相信，平整墙壁和卫生防疫都会殊途同归，正如扫地机器人与炒菜机器人在程式层面的逻辑趋同。售价 74 500 美元的波士顿动力机器狗 Spot，在新冠肺炎疫情全球大流行的背景下，从游客提醒到船舶故障巡检，从医生助手到园区保安，广泛应用于各种危险场景。有场景才备受瞩目，所以孙正义说："智能机器人将成为信息革命下一阶段的关键驱动力。"

长期以来，我们把刚需、痛点、高频作为场景要素来设计"产品即场景"，进而又以"意义"来衡量场景成长为生活方式品类的可能性。时间作为最重要的判断标准，决定了场景价值。事实上，今天商业价值的核心评估逻辑就是注意力与用户时间的分配。场景是否成立，应用场景能否被集中精力运营，取决于场景的可持续。正如波士顿动力公司会对机器狗 Spot 的功能做定制开发，同时通过 API（应用程序接口），合作伙伴可以在 Spot 中加上自己的场景应用。而相比 Spot，Spot 的"兄弟"搬运机器人 Handle 的场景更加明确——在仓库中搬运货物。两个轮子控制移动，头顶的吸盘能吸起至少 100 磅（约 45 千克）的货物。计算机视觉让 Handle 可以准确识别目标并完成全自动的搬运工作。

消费品牌层面，以瑜伽为例。初始功能性的单点交付，在瑜伽服务和用户需求之间建立起的是一种线性关系；在被赋予重要生活方式意义后，修复与闲暇、形体与自律，瑜伽逐步超越普拉提、团操、跆拳道、动感单车等健身项目，成为接近"冥想"的新场景。露露柠檬（Lululemon）与安德玛（Under Armour）近几年市值的此消彼长充分说明场景独占的溢价，露露柠檬更成为 2019 年品牌价值增速最快的全球品牌。而 WeWork（联合办公空间运营平台）的功败垂成，不过因为所有空间都在 WeWork 化，但作为赋能者，"SaaS（软件即服务）+社群"的新办公模式依然让优客工场这样的数字化解决方案公司值得期待。

场景即身份，体验即细节

生活方式与人性的进化一样，非常缓慢。类似瑜伽这样的突变，表现在共享单车、联合办公、短租民宿、精品咖啡，最后总是止步于大平台或大生态的辅助要素层面，未能保持独立。我们设想，除非"人"的本质发生变化，或者"人与世界"关系的本质发生改变，否则层出不穷的新场景很难被认为是开阔的赛道，而只能算是数字时代的泡沫，其兴也勃焉，其亡也忽焉。

两个看法：一是人的数字化背后是何种逻辑，二是人与世界联系的数字化是何种规则。前者表现为人机共存，与 AI（人工智能）关联

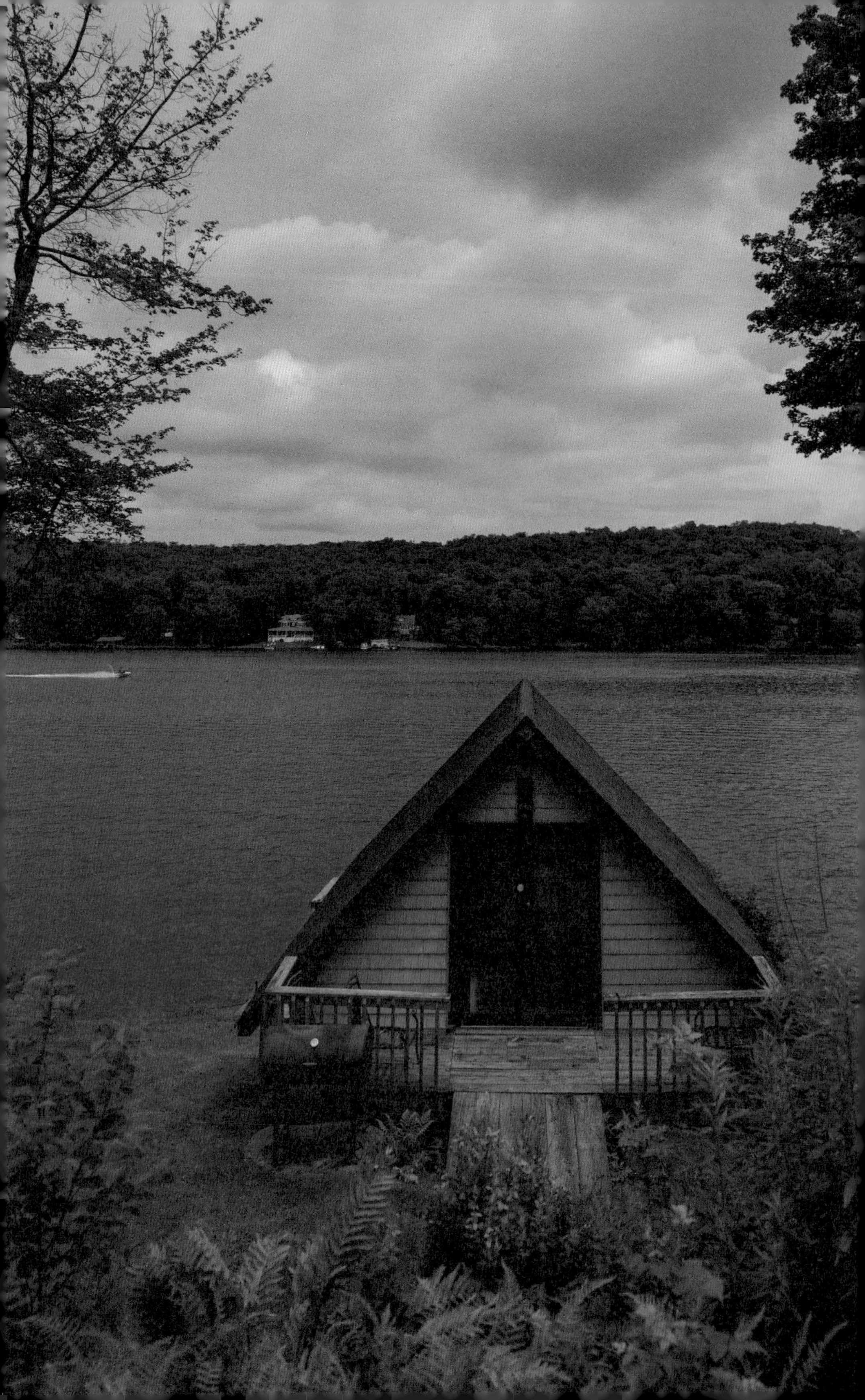

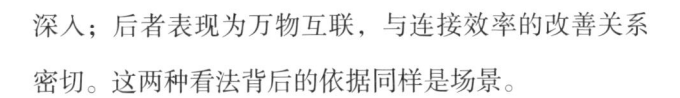

深入；后者表现为万物互联，与连接效率的改善关系密切。这两种看法背后的依据同样是场景。

场景即身份。现阶段，人的数字化仍基于 ID 的部落化生存，小红书博主、快手老铁、B 站 UP 主对于今天的职业意义前所未有。公众号曾经的盛宴，启发了视频号的朋友圈狂欢，然而大多数时候，类似亚文化的生存仍须小心翼翼。人的数据资产化为个体的多重身份提供了坚实支撑，有效管理平台个体的数据资产，进而驱动自身网红化的斜杠者，正在成为复合竞争时代的胜出者。精深的专业人士必须从广袤的信息中以意想不到的方式脱颖而出。

个体的身份模糊而清晰：演员张译和知乎大 V 张译，网红 Angelababy 和演员杨颖，抖音李佳琦和淘宝李佳琦，主播罗永浩和企业家罗永浩。身份实则是话语体系的精分，而话语体系的变化，恰恰来自场景的动态更新。

体验即细节。基础设施被场景化改造，正如直播间和店铺的二合一，买手店①和画廊的二合一。远程医疗成为现实是 5G 应用场景的必然，是严丝合缝的连接，在可靠性、低时延、高速率方面经得起挑剔。自动驾驶同样不能挂一漏万，无论 L4 还是 L5，②只有充分设计细节，新的驾乘伦理才会逐步形成。

细节既是技术的，也是内容的；既是推荐算法的，也是工艺流程的，归根结底，是用户的体验感受，是产业链的行业共识。VR（虚拟现实）抑或 5G，总有更小的细节被发现、被连接。

之所以说万物车联是万物互联最重要的表达，是因为没有哪个系统能像万物车联一样完整囊括数据个体与身份场景。

○ 数字的设备，万物的车联

万物车联其实隐含着对某种质变的鲜明指认。理解万物车联不是停留在字面上的车联万物，其本质是人联万物的场景扩展。2020 年

---

① 买手店是一种由欧洲人开发的商业模式，意思是指以目标顾客独特的时尚观念和趣味为基准，挑选不同品牌的时装、饰品、珠宝、皮包、鞋子以及化妆品等商品，将其融合在一起的店面。对于买手店来说，款式往往凌驾于品牌之上，买手是挑选款式的关键。——编者注

② 汽车智能化的分级有 L0~L5 六级，其中 L0 指的是人工驾驶；L4 虽然叫作"全自动驾驶"，但局限于车辆设计适用范围；L5 是规定车辆必须可以应对所有路况，包括在极限情况下也能够顺利过关。——编者注

国际消费电子展（CES）被认为亮点欠缺，但它其实极大化呈现出"数字美好生活"的重要场景，首当其冲的便是 Smart Mobility（智慧出行）。技术应用场景不断深入，正在细化数字生活的新参数，比如整合服务、加速切换、传感反馈、意义驱动。

当"智慧"越来越倚仗数据高速流动，组件化、数字化、传感化的车，让万物车联作为智慧场景的主力开发生态，成为对万物互联更深入一步的本质理解，引发个体生活的又一次场景革命——以新的时空观念，重新定义流动的稳定性、场景的灵活性与审美的个体性。在 2020 年国际消费电子展上，当"腾讯随行"作为车载出行生活助手在哈曼智能驾驶舱亮相，超级 ID 对应用程序有了新的交互要求：精于心而简于形。

以数据驱动、以人为中心的万物车联，正源源不断地创造有意义的新场景，成为未来商业模式与数字生活方式的重要抓手。而从"手机"到"车机"，新的生活方式正伴随新一代移动终端的崛起而呼之欲出。

新流程革命：组件化、个性化、游戏化

特斯拉宣布第 100 万辆车下线，以及国内的新造车企业的彼此追赶，这种"量产"的重要性在于，在技术实现的前提下还需要有更多人使用，才能形成规模化用户网络，构建数据反馈的闭环，以进一步优化体验。OTA（空中下载技术）升级正在成为购车的第一要素。

谈论特斯拉等全新造车模式，其实是在关注新的流程革命，背后是数据驱动和算法价值，是以用户为中心的迭代与体验革命。所以，越来越多的声音评价特斯拉的激进姿态就像若干年前的 iPhone，这其实是说数字化的车正在变得个性化、组件化、平价化、游戏化，并随时针对数字化的用户升级。

我们关注的"新造车势力"、自动驾驶、汽车产业互联网，不再是存量产业的转型，也不仅仅是零碳经济的必然，而是数字化与智能化的车何以成为新场景的连接基础，其背后是下一个 10 年的场景规则。

移动场景细节成为产业链的发力方向

车载音响、移动照明、非接触充电、电池安全、数字助力等万物车联的新场景，原本是大而化之的产品和服务需求，现在被不断细分，形成精密的产业链分工，而且每一点都有顶级生态发力，不断优化

细节，深化体验。

博世（BOSCH）发布的虚拟遮阳板、裸眼 3D 显示屏，日产推出的轻量化超级隔音材料，Bose（美国音响品牌）的定制汽车音响，这些产品不仅将核心能力在新的战场重启，更在于率先表达对万物车联待定义规则的理解。移动的"城市客厅"认知怎样重新串联车与数位空间，解放汽车的驾驶空间对亲子内容提出了何种制作需求，这些新的场景需要更多产品填充。

正如"降噪"和"社交距离"成为典型的新生活意义场景，越来越多的技术创新都在围绕人的新生活重新设计解决方案。疫情之后的新规则怎样成为主流规则？所有的技术与专业的深度，开始在同一频道协作演进，没有人再置身事外。各个领域的玩家，将从各司其职、各安其分演进到边界消失、跨界融合，去理解彼此的价值传递。数据智能放大了高速移动的场景变化，意义自然深远，比如非接触的不可逆、防护标准的精细化、万物直播后的隐私保护。

从 Smart Home 到 Smart Mobility：语音交互的极端重要性

Smart Home（智能家居）的进展很难称得上迅速，但可以感受到，在语音交互的深度学习中，有大量新场景被系统性开发。这种创造过程，体现出时间的"有效性"正在被逐步扩展。

在场景切换更加灵活的万物车联生态中,语音交互明显成为最重要的搜索和交互形态,所有大公司都要判断,应该选择怎样的语音交互形式呈现人机会话。我们看到一片新大陆的浮现,这符合数据高速流动的基础设施层面的判断,也符合数字化深入带来的个体性的加速趋势。只有摆脱"城市客厅"的数字助理定位,让小爱同学、小度在家和天猫精灵更深入嵌进驾驶舱的交互机制,才能体验车载屏幕的流畅感。

从这个角度看,Smart Home 作为解决方案是被 Smart Mobility 涵盖与深入应用的。相对于静态的 Smart Home 较弱的便携性和移动性,Smart Mobility 具备越来越数字化的个性特征、越来越数据化的场景以及越来越算法化的移动性。围绕万物车联的语音交互解决方案,Smart Mobility 正成为驾驶舱场景的开发逻辑。

数字能源和新场景引擎

围绕新能源汽车、智能充电桩和充电应用程序,以网络定义的能源,成为万物车联重要的数据入口、操作系统和场景引擎,能源物联网的作业效率和产业格局也将深化和扩展。

能源物联网纵向以电动车的能源网络为原点,深入人、车、桩的互通。车、家、社区、城市的互联,更多能源使用的泛在场景被网络化定义。数字基建催生新生活方式的解决方案，例如家庭生活的新能源系统、社区能源管理的 AI 化。

横向则拓展到更完整的车联生态，包括整车厂、能源服务、车载应用等。这意味着更多极致的小场景诞生，形成生态化协同。比如，星星充电开放充电基础网络，蔚来能源打造的 NIO Power 充电生态，以及 2020 年 6 月 9 日发布的《特斯拉影响力报告 2019》开篇提出的"特斯拉存在的根本目的是让世界加速向可持续能源过渡"。

重新审视屏幕主义与车联内容

家居场景的屏幕化、智能眼镜的逐渐普及推动可穿戴应用场景的完善。无论海信、LG 推出的竖屏电视，还是小米电视大师系列突出的顶级画质、音质、游戏体验和大屏智能场景中枢，抑或夏普推出的以屏幕为核心的 8K+5G 生态，都在强调屏幕的重要性。

为了让用户习惯手机的新形态，三星甚至还推出同时显示电视屏幕和手机屏幕的解决方案，海信的 X 系列社交电视支持云游戏、云 K 歌和云健身等大屏社交新场景。屏幕正在嵌入每一个理解和注意力，这不仅是屏幕生活空间的探寻，以及屏幕、交互方式、内容形态的新组合，也让万物车联承载更多想象。而新的车联内容，一定是新的场景、习惯和时间，有新的标准和"运营商"等待被重新规划。

道路算法与传感器对话时代的到来

智能摄像头、感应设备、控制系统、芯片、云处理……车本身的传感器化，让数据的计算处理，实现了从"云"的中心化到机器学习的"边缘"颗粒度应用。

为什么 L5 还很遥远，这不仅取决于自动驾驶本身的技术能力，更取决于城市治理和道路智能的系统支撑。机器感知如何形成有效协同和配合？各地政策形成的数据规范，能否以统一接口让车通过 API 调取？协作的开放程度和生态成熟度，定义着自动驾驶发展周期的因素。数据连接要求我们理解，这是一个人与车、车与车、车与路、

车与网、车与云"彻底协作"的新城市文明时代。

○ **常态的移动，美好的生活**

数字化的设备形成屏幕网络和交互系统，让我们时刻处在移动中：

数字化社区，从指纹、人脸识别到家庭能源计算与管理；

数字化能源，"过目即拥有"成为电动车规则；

数字化货币，让分布式再次为主流商业凝聚共识；

数字化空间，让静态的大师作品与数码声光电装置共存审美的策展式交互；

数字化信息，从短视频到直播的社会化大爆炸，万般溯源，万般存储；

数字化订阅，个体的 ID 化让"万物皆可订阅"无处不在；

数字化城市，从传感器到智能摄像头的算法驱动；

……

我们不得不习惯于数字时代的不确定性。可以庆幸的是，场景能赋予随机的生活另一番意义。我们选择操作系统，我们选择软件组合，我们选择内容服务的差异化，我们选择新的移动终端策展、社交，组建新的网络，全情投入注意力与时间，我们试图告别脆弱的观念时刻，以此定义何为数字时代的美好生活。

场景是气味，是光线嗅觉的盛宴；场景是温度，是自由氛围的微妙；场景是韵律，是时间变化的节奏；场景是舞蹈，是空间设计的灵动；场景是智能，是一键识别的算法；场景是智慧，是数字灵感的艺术。

全新的场景纪元，让我们跟随迅疾的万物车联，一日千里，如同诗人陆游的《初夏绝句》："纷纷红紫已成尘，布谷声中夏令新。夹路桑麻行不尽，始知身是太平人。"

看得尽夹路车联，放得下此身太平——场景时代的生存法则，便是如此深入浅出。

场景纪元

ERA OF CONTEXT

第一章
万物车联：全新的场景竞争

特斯拉主义代表的围绕人的流程革命，正如 2007 年 iPhone 激活移动互联的姿态。数字化的车变得组件化、个性化与游戏化，高速流变的数据仓库，成为智慧场景的集大成者。

当数字化的车成为场景连接器，成为新一代移动终端，不仅是车内、车外需要新的解决方案，在一个个场景的变化、更新与转移中，整个产业都因为范式转移而洞察到新的机遇。与常规的线性推演完全不同，这是"重做一遍"的本质性机会，是折叠、穿越、并联、平行遇见，是新的数据规则、算法规则、时空规则和美学规则。

智慧越来越耦合于数据的流动性，高速流变形成数据多样性、方案针对性和场景有效性的万物车联。它们集合了复杂场景，并源源不断地涌现出新场景。

新的叙事不全围绕万物车联，但人联万物的原点由此展开，即在全新逻辑与秩序中理解充满随机性的常态。万物车联代表待定义商业周期的新观念与新方法，成为较于万物互联更加极致的时代表达。

万物车联指向的场景开发，实质是下一个 10 年的场景规则和商业竞争力。

特斯拉主义：「数字化的车」是专注场景连接的新一代移动终端

我想用"特斯拉主义"这样一个直观的名词，来概括数字化的车所点燃和表达的全新征程。从智能手机到数字化的车，我们试图理解下一代的移动终端如何百转千回，又如何受大势驱动。

实时在线、智慧交互，一切设备都在数字化，这诚然老调重弹。特斯拉的故事却不得不让人对比新的 iPhone 时代。相较于智能手机主导的移动互联，数字化的车不只是单纯的终端、OS（操作系统）和生态的平移迭代，甚至都不是进化。当智慧越来越来自数据的高速流动和建模的精准性时，数字化的车成为智慧场景的中心和重心，人机协同的位置感与空间体验都赋予物联网以新的认知。

以数据作为底层的生活意义，对于商业游戏规则的重塑，在移动互联时代已初见端倪，而当目光投向数字化的车，看到的是更加移动、更加高速、更加便捷和更加友好。而围绕车联的商业模式，则越来越表现为系统性和全能性。

◦ 数字化的车：围绕人的流程革命

解释何为数字化的车，特斯拉的发展是可靠的叙事线索。

2020 年 3 月，特斯拉首席执行官埃隆·马斯克在社交平台发文，庆祝特斯拉第 100 万辆车下线。对特斯拉甚至整个电动车领域来说，这是一个里程碑。此时距 2008 年特斯拉交付第一辆电动跑车 Roadster 已过去 12 年。而在这 100 万辆中，2019 年的占比就超过 1/3。这意味着从供应链到用户接受度都在加速成熟，如果前 12 年是蓄势，那么 2020 年则处在关键性变革的前夜，量变真的引起了质变。2020 年 6 月，特斯拉超越丰田，成为全球市值最高的车企，更可能印证着全球汽车产业的拐点。

虽然自始至终伴随诸多争议，但是特斯拉从诞生之日起的颠覆者形象一直存在。不论是犹如科幻电影中的机器人工厂，还是"钢铁侠"埃隆·马斯克本人从出行到航天的大胆想法与执行力，都给特斯拉打上了从情怀到模式上的诸多新物种标签。2020 年 5 月，SpaceX 载人"龙飞船"成功对接国际空间站，更令人对特斯拉的未来平添期待。特斯拉不是汽车，是关于出行的新实践，是关于能源的新思考，是关于材料和设计的新认知，也是"软件定义设备"的最佳实践。

正如当年 iPhone 以一己之力颠覆对手机的定义。在 2007 年乔布斯首次发布会前，到底是功能机的黄昏，还是智能机的黎明，每个人都处于懵懂之中。直到手机本身的通信功能已变得无关紧要，但手机上"长"出的各类应用和工具，成就了移动互联时代的新物种爆炸之时，我们才恍然大悟何为新时代的惊蛰时刻。

移动与碎片化成为一代人的生活方式和一个时代的商业底层，至今

特斯拉的流程革命

仍不断开掘新的场景应用，而生活的便利性则被一次次改写。这是 iPhone 或者说智能手机作为移动互联场景连接器催化的商业范式大转移。从图文到短视频到音频再到直播，每一次媒介形态的文本变化都重新解释了用户时间和消费精神。

其时如日中天的玩家是诺基亚，是黑莓，是摩托罗拉，但为什么是 iPhone 催化了这次转移？需要思考的是，谁是下一个 10 年承担大任的"智能手机"？现在所能判断的是，不是通用，不是大众，而最接近的这家公司叫特斯拉。所以我说的特斯拉主义，不是具体的特斯拉，而是类似特斯拉的全新造车模式和流程革命，背后是数据驱动和算法价值，是以用户为中心的更新机制与体验细节，更是全新的能源认知和材料思考。

新的移动终端，新的智能可穿戴设备，这样的比喻反而更加贴切。

所以在卡车界的特斯拉——尼古拉于 2020 年 6 月 4 日上市后，尽管没有一款真正落地的产品，但市值迅速逼近甚至一度超过福特汽车，

卡车界的特斯拉——尼古拉

成为美国仅次于特斯拉和通用汽车的重量级选手。一个有趣的细节是，尼古拉（Nikola）和特斯拉（Tesla）这两家公司的名字有很深的渊源，分别取自被誉为"最接近神的人"——19世纪末发明家尼古拉·特斯拉（Nikola Tesla）的名和姓。和特斯拉类似，尼古拉也打算自建补能网络，整体构建自己的科技设想；不同之处在于能源形式，尼古拉想要另辟蹊径，建立氢燃料补能网络。

2017年11月，尼古拉宣布和挪威Nel Hydrogen氢能源公司达成合作。上市前一天，尼古拉还宣布与Nel签署总额超3 000万美元的购买协议，这笔订单支持尼古拉的5个初始制氢站实现日制氢量40吨。尼古拉计划到2028年在北美建成700座制氢站，到2032年在欧洲建成70座。2019年10月，尼古拉公布了电池技术相关信息：纯电卡车的续航里程达到800英里（约1 280公里），车重比竞品更轻；研发出续航里程超过1 000英里（约1 600公里）、注氢仅需15分钟的氢燃料电池卡车；研发出世界上第一个独立式电极的汽车电池。这款电池原材料层面的能量密度高达1 100Wh/kg，量产电芯层面的能量密度高达500Wh/kg，是锂离子电池的两倍，而重量减轻40%，材料成本每千瓦时降低 50%；在性能方面，电池在 2 000 次充放循环后，表现依旧良好。①

这些数据过于炸裂，即便是目前最强的特斯拉也尚未实现类似的电池技术，成立不到 4 年的尼古拉能做到吗？几乎所有人都在质疑。是不是像极了 2017、2018 年对特斯拉的质疑和做空？

特斯拉与尼古拉的激进姿态，以及国内新造车企业的你追我赶，背后都是"量产"命题的重要性：技术成熟的前提下，需要更多的使用与反馈，形成规模化的用户网络，构建数据反馈闭环。特斯拉主义的背后，是"电动的车、联网的车、在线的车、智能的车"的突围。数字化的车对传统生产思维和用户思维的系统性革新，是对"人"的流程革命撕开的第一道口子：以人为中心的更加灵活的设备与终端。

从马车时代、蒸汽机时代，到燃油汽车时代，再到如今数字化的车，车作为设备和工具不再是稀缺品，在极致生产效率的推动下，产能持续增加，生产周期不断缩短，成本不断降低，越来越广泛的人群被覆盖。

---

① https://www.geekcar.com/archives/109275

但工业标准化和统一化背后,供给端占据着更大的主导权,它决定着车辆形态、功能的话语权,而用户需求的传导链条则较为缓慢。特斯拉的变革原点正在于此——更大程度地尊重用户需求,尽力实现用户的个性化定制,实现从制造业产品思维到用户思维的转变,而底层是以系统思维变革的车辆生产、交付流程和用户连接方式。

数字化的车登场,敏捷响应人的多样化需求,形成了软硬件一体化随时升级的能力。OTA 升级与氢能源一起改造新的流程。尼古拉·特斯拉,这个发明家早就标好了新能源汽车的新地图价格。

○ 组件化、个性化、游戏化

特斯拉将车辆的生产最大限度模块化,并提供预先设定的功能清单,以便让用户在可选范围内量身定做,而不是直接生产整车等待购买。

线上预订服务中,大到 FSD(完全自动驾驶能力)选装包,小到内饰垫、无线充电器、修理工具包、防晒罩、车载充电套装等配件,用户均可根据自己的喜好选择。特斯拉通过这种方式,能第一时间把握用户需求和产品反馈信息。

这种模块化和组件化的能力在其他领域也不少见。博世集团作为全球汽车零部件巨头,其专业的技术解决方案往往具有可选择、可迁移的能力。比如，推出 OTA 功能的多种解决方案，既能支持搭载 CAN（控制器局域网络）总线的车型，也能支持基于以太网架构的新车，用户可以自由选择。模块化支撑的是用户的个性化空间，我在 2018 年提出的"个性化的规模化"正是这个方法论的提炼，如今正在造车领域渗透。类似零代码开发的"拖拉拽"乐高时代果然到来。

2016 年，Model 3 用原型车发起一轮惊人的众筹：一周订单数即突破 32.5 万份，总订金 3.25 亿美元。用户成了这辆新型车量产的真实推动者，以参与共建的力量推动车辆生产流程的变化。如出一辙，尼古拉也在 2020 年 6 月 29 日针对旗下的新能源皮卡开启预订。

从支撑流程变革的基础来看，除了工艺上的车辆组件化能力，以数字化能力连接用户，并反馈生产、个性组装以及定点定时的准确交付等系列流程，才是最终实现定制化的关键。数字化的车正变得组件化、个性化、游戏化。

组件化——厂商更加像硬件供应商，以积木式的拼装支撑制造与灵感升级的不断加速。

个性化——针对"千人一面"的出行场景，最大限度地实现个性化的需求解决方案。

游戏化——这一数字时代特有的产品逻辑与运营机制，不仅是用户决定的体验形态，更在于给予个体更多的体验方式选择。

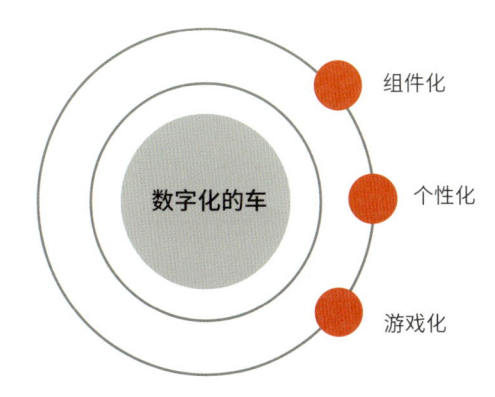

组件化　厂商更加像硬件供应商，以积木式的拼装支撑制造与灵感升级的不断加速

个性化　针对"千人一面"的出行场景，最大限度地实现个性化的需求解决方案

游戏化　数字时代特有的产品逻辑与运营机制，不仅是用户决定的体验形态，更重要的是给予个体更多的体验方式选择

数字化的车：组件化、个性化、游戏化

如果说特斯拉众筹是在聚集一批有相同兴趣和价值观的人，那么更加"年轻"的威马汽车则试图直接进入年轻语境。2020 年，威马推出 4 款最高价格为 499 元的仪表盘主题皮肤，如同曾经的 QQ 秀，主题之间的差异主要体现在电量显示字体颜色及背景形状、音乐播放器形状、仪表中间的车辆形状等。"皮肤"这一个性化的标志性产物，在数字化的车上开始被尝试运用，形成更加轻量级、浅层次的个性定制服务 MVP（最小化可行产品）。

全新的商业逻辑也意味着全新定价体系如何变得更加苹果化。特斯拉迈出了第一步，但更完整的体系仍待创造。围绕应用场景和可拆解、模块化的功能，车本身只是基础，附加功能和应用生态的付费才构成持续的"订阅"。特斯拉的自动驾驶选装模式就是雏形,而这一切都由用户主导完成。

用户思维表现更为明显的是蔚来汽车。从第一款量产车开始,蔚来一直以用户导向为核心战略:建立业主服务群,提供免费专属桩、免费换电、一键加电、上门安装充电桩等系列服务,以超级用户思维改变车企与用户的传统关系,为用户提供全新的软性服务体验。

如果说软性服务更多停留在运营理念上,那么蔚来App引入积分体系,打造的用户成长体系,则是试图建立更加可持续的用户机制:从电动车的供给到细致的用户服务,再到用户运营模式化的逐渐成熟,以及用户利益关系的更深度绑定。蔚来摸索和打造的,是一个更完整的用户生命周期覆盖体系,让用户在更广泛范围内参与产品和业务布局的共建。

可以想象,未来围绕人的需求的服务将更加极致。流程革命带来的商业视角转变是以用户为核心的产品与服务思维。

○ 数据仓库:智慧场景的源头活水

数字化的车作为全新空间的意义是被低估的。相比智能家居或者智能手机,数字化的车作为高速移动场景的数据仓库,围绕商业思维系统性、解决方案场景化的要求，其实是智慧场景的重要输出基地，会极大推进物联网的场景落地与产业升级。

满足用户的第一步是读懂用户。未来，车不仅仅是交通工具，要真正成为"懂用户"的数字化设备终端，需要智慧感知与识别。这一切都要建立在移动数据收集的基础上，要求车本身成为数据仓库，从数字化硬件单体到智能交互网络，随时随地记录重要基础参数和动态刷新信息。

出行场景的复杂性和极高的安全性要求，使车本身包含极多数据触点，成为巨大的数据入口和载体，其体量和流动性远高于常规智能终端。数据通过底层技术系统和强大的算力支撑，成为数字化体验重构和场景解决方案的基础。

最具代表性的就是基于自动驾驶技术提供的出行服务。即时通过传感器、处理器和控制器去感知识别、做出决策并控制车辆，模拟出人类司机的驾驶行为。谷歌旗下的 Waymo 在 2018 年底推出 Waymo One 自动驾驶网约车服务，2020 年初再次推出专注于包裹运送的货运服务 Waymo Via，这些都对极致先进的场景数据采集与反馈能力提出了极大考验。

数字化的车自带数据仓库属性，让体验重构成为可能。从围绕车辆

的传统服务转变为围绕用户需求的系统性方案供给，比如，移动出行的稳定性需要，数据的场景化应用，算法支撑的颗粒度解决方案，用户每个需求的细化与拆解，均可被捕捉、被识别、被解决。车作为全新的数字化媒介，创造新的数据交互与生活方式，意义自然非比寻常。

其具体表现为三个特征：第一，虚拟与现实的深度融合；第二，快与慢重构的主次异位；第三，出行的加速与匀速、串联与并联之间体现出的"时间美学"，从而使人的行为模式、认知模式和审美模式都因此发生本质性改变。

人的数字化高效率连接，是数字化的车作为移动终端的基础。无论苹果的车载系统 CarPlay、谷歌的车载系统 Android Auto、亚马逊的

Waymo One 自动驾驶网约车服务和 Waymo Via 的包裹运送

车载语音助手 Alexa Auto，还是腾讯、阿里巴巴等巨头，都凭借独特优势发力出行，背后正是抢占车这一数据和场景入口，以持续全方位服务用户，管理用户新的时间与生命周期价值（LTV）。用户已不仅仅是购买者，更是产品的参与者、共建者，以用户体验为核心的产品设计与服务，才是算法驱动的场景竞争原点。

智能摄像头、感应设备、生物识别、语音交互……车本身的传感器化，让数据的计算处理覆盖每个精细化的应用。特斯拉 App 可以远程控制充电、空调、通风、开锁等功能，实现对汽车的智能管理，其前提就是车本身的硬件数字化、智能化，而这又进一步依托于温度、热力、环境监测等传感器设备的协作。常规的设备如激光雷达探测道路情况，创新设备则如奔驰 VISION AVTR，它几乎没有常规意义上的中控台，而是以"中央扶手"为主要控制单元。驾驶者把手放在上面，车辆就能通过对驾驶者心跳和呼吸的监测辨认身份，进而调整各项功能。

屏幕在承载驾驶信息的同时，更是车内内容的载体与交互触点。比如，特斯拉标志性的中控大屏，博世帮助驾驶者更快抓取视觉信息并减少注意力分散的车载 3D 显示屏，理想 ONE 让人印象深刻的 4 块大屏……当屏幕在车内的使用日趋普遍化，比重和价值不断提升，其逻辑就不仅仅是信息传递和智能交互，而是以"屏幕触点"打开场景入口，让车成为人的数据与感知的仓库。长期以来，角色尴尬的汽车屏幕终于不再是鸡肋，而开始成为有意义的场景。

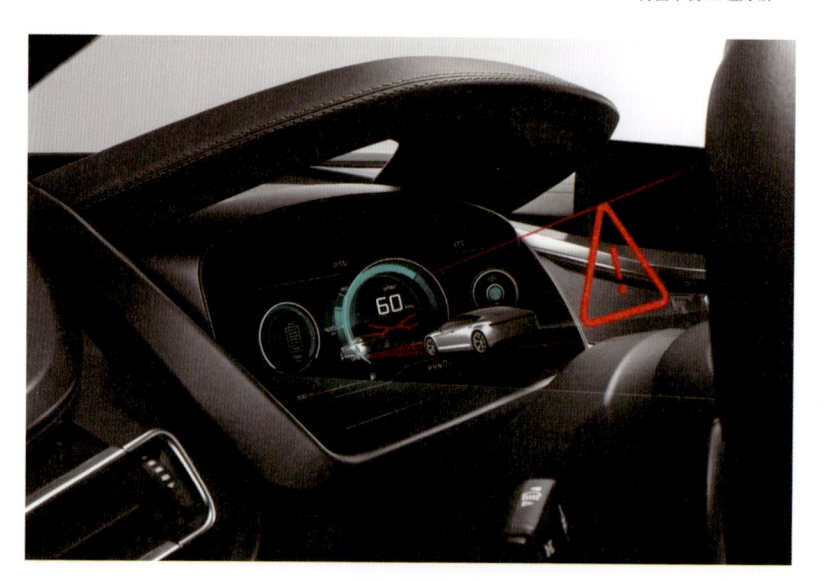

博世车载 3D 显示屏

屏幕与传感器作为"小灵通阶段"车的两大进化要素，支撑数字化的车成为复杂场景的数据仓库——最高速的流动、最频繁的交互、最丰富的传感、最高要求的安全和最集成的智能。

智慧源于数据流动与用户体验的双重流畅，数据仓库属性则支撑着围绕人从车内到车外的体验打通，比如，能否在车内屏幕继续观看客厅的视频，能否继续保持游戏……车内场景不断细分，与车外场景也不再割裂，联系的能力是从硬件到软件的系统化解决方案。

数据一旦流动成场景，车内时间、空间就开始被重构，如车载微信、小鹏汽车疲劳监测摄像头、魔声（Monster）车载音频等看似分散的点状创新，都是在一点一滴创造更多可能的新场景体验。场景和需求借助于数据的建模被渐次唤醒和逐步解决。

数据化与智慧化，传感器化和操作系统化，数字化的车让"车轮上的社会"焕发出新的生活方式认知。不仅是智慧场景本身，还因为高速移动产生的新场景不可胜数，新的移动终端正在展示基于连接的无限可能。

商业在高速流变中重来一遍

从三个层面总结高速流变：技术进化支撑数字化的车，从而体现流动的稳定性；传感器、智能摄像头、边缘计算，这些新的场景计算推演场景规则；而在商业方法层面，更加灵活的履约体系，带来全新的审美与生活方式。

数字化的车围绕人的流程革命，反向支撑移动场景的数据仓库。如同智能手机推动移动互联网实现从流量到社交的融合，成为个人社交的连接器，更加具有"智慧场景"意义的车，自然成为重要的场景连接器。

车内车外需要新的解决方案，整个产业都因为范式转移开始了新的机遇期。而更深远的变革，会创造怎样的新商业模式，以启发更多的商业思考与实践？与我们常规的线性推演完全不同，这次的变革可以称为"重做一遍"：是折叠、穿越、并联或者平行遇见，是新的数据规则、算法规则、时空规则和美学规则。

○ 商业思维系统化，服务能力场景化

数字化的车的波澜背后，不仅是"造车"的新旧势力之争，还是"架构与许可"的时代命题。秩序不明、规则不清、技术尚未成熟，竞争对手通过"抱团"能够更快达成架构间的沟通协议和标准统一，加速技术协作，整个产业的探索进程会更快，"竞合"成为产业关键

词。更重要的是，当底层架构和技术基建成熟后，会怎样源源不断地长出有意义的场景，成为生态位重塑的新战场。这对于汽车业从业者的肌肉记忆不啻一场思维大考。

从硬件到软件，从整车制造到车载智能，每个维度的复杂性都需要开放、庞大的技术生态与应用生态来支撑。所有领域的玩家，都可以依托核心技术和业务优势提前布局，规划并设计自己的生态位，定义规则与标准。黑莓在智能手机竞赛退场后凭借对"安全"理解的专业性重新谋得"车联网安全解决方案"重要参与者的身份即是典型。2019 年 8 月，在主题为"年轻商业"的"新物种爆炸"发布会上，我把这样的重生总结为找到场景后的"技术寄生"。

车联场景的复杂性，更加诉诸解决方案的叠加与商业思维的系统性，指向场景的互联互通、自由切换，形成合理衔接的流畅体验。华为的 HiCar 着力于"人—车—家"的场景无缝互联解决方案，实现多设备之间全互联，以及应用和服务伴随场景转变的顺畅过渡。

亚马逊智能语音助手 Alexa，最早应用于亚马逊 Echo 智能音箱。2015 年，亚马逊对外开放 Alexa 平台，到目前已集合了 9 500 多个品牌、超过 10 万种智能家居产品，用户每周向语音助手下达数亿次指令——亚马逊已然形成一整套 Smart Home 场景解决方案。而衍生于 Alexa，肩负抢占车联场景重认的 Alexa Auto，通过跟亚马逊旗下

预置 Alexa 的兰博基尼

AWS、Amazon Pay、Fire TV 和 Home Services 等服务整合，与福特、奥迪、宝马、大众和通用等车企达成合作。"将 Alexa 嵌入所有汽车"是 Alexa Auto 的战略目标，而以语音交互破局万物车联的场景复杂性，则是亚马逊进军汽车行业的战略基点。在 2020 年国际消费电子展金沙馆亚马逊智能家居馆展厅内，视觉 C 位预置 Alexa 的兰博基尼豪华跑车，让所有观者为之震撼：数字时代的生活美学终于落地。

以此推演的"车联新商业"包含两个层次。首先是具象层面——汽车和零售边界溶解。比如，内置于汽车的亚马逊 Alexa Auto，在统一账号体系下与亚马逊电商服务相互打通。用户通过发送语音命令，随时可实现搜索商品、下单支付、订单状态查询等服务。

其次是符号意义——全新融合的数字化商业体系：数字化的车联体验，突破传统的线上线下、移动静态的藩篱，进入"线上—移动—线下"三位一体、全时空融合的新商业场景。出行过程既是履约，也是自提；既可以是用户指令 Alexa 寻找路边的商家，也可以是 Alexa 主动和用户对话，推荐适合此时此刻的服务。原子和比特世界的界限被消解，数字化的车作为场景连接器，做到了数字孪生。

从系统商业思维的场景争夺角度，可以重新理解苹果和索尼围绕关于出行在人机交互与内容生态方面展开的竞争；理解为何出行平台来福车（Lyft）和滴滴出行进入外卖、本地服务，而本地生活服务平台美团点评上线打车、共享单车等服务；甚至再扩大来看，京东物流、菜鸟网络、美团点评、滴滴出行终有一战。Grab（东南亚打车租车服务供应商）就是新场景竞争下出现的新物种形态，即打着出行服务旗号的本地生活服务平台。生活服务场景的想象空间究竟有多大，或许从疫情"成全"美国外卖巨头 DoorDash 就可见一斑。DoorDash 目前占据美国第三方外卖订单市场份额的 45%，位列第二的 Uber Eats 占据 28%。2020 年 6 月，DoorDash 以 160 亿美元的估值完成 4 亿美元的融资。

成立于 2003 年、专注电动卡车的 Rivian 与尼古拉一样，选择了不同

专注电动卡车的 Rivian

于特斯拉的发展道路。2020年7月获25亿美元融资的Rivian不仅定位于户外出行，更着眼于物流配送、房车等场景的拓展。这就不难理解，为何亚马逊2019年领投Rivian，并随后预订总价值约40亿美元的10万台电动厢货订单，以及福特以5亿美元入股Rivian，共同研发下一代纯电动车型的动机。

很难明确判断Rivian或尼古拉是否会成为卡车界的特斯拉，但尚未生产出一辆车就能拿到大笔订单，可以看到其背后是对电动卡车应用场景价值的认可。

不再是流量，而是场景，成为这个时代大公司的争夺焦点。有限与无限游戏的背后，是场景的稍纵即逝在决定那些潮起潮落。从游戏直播到电商直播，从电商直播到网红带货，那些微妙的差异在短短几年间催生了完全不同估值的公司。回到"车"，同样要求突破既有业务逻辑，重新看待数字化的车之于场景涌现的价值，在全新空间、内容生态等层面的意义都亟待被重新设计。

○ 数字化的车作为全新空间的意义

在车内空间的利用上有很多分类，典型如皮卡、房车和保姆车，宽敞的车内空间能最大限度地满足日常生活和通勤需求。但对于空间狭小的车来说，空间有限且司机需要处在相对不被干扰的环境，这让车内活动受限，技术应用也因此受限。

车内临时办公是碎片化生存的常态性需求，车载笔记本电脑架、车载后排桌板、车载220V逆变器等装备持续被开发，部分人的车内办公需求被满足。针对这一越来越显性的痛点，宝马已经在尝试对车内空间进行改造，试图以"城市会客厅"概念诠释出行场景的更多应用价值和可能性。

宝马 i3 Urban Suite 的最大特点在于车内空间的全新改造。不仅以副驾解决方案提升乘坐体验，更系统规划副驾场景，拓宽应用边界。比如，车内以明亮蓝色调为主，营造的氛围完全区别于传统车辆；副驾驶则设置腿托，提供更舒适的乘坐空间；同时，取消副驾驶和主驾驶后方的座椅，将副驾驶后方座位改为宽大的办公座，座位左边设置大面积的桌板，配备台灯和杯架，可以用来办公、阅读、休

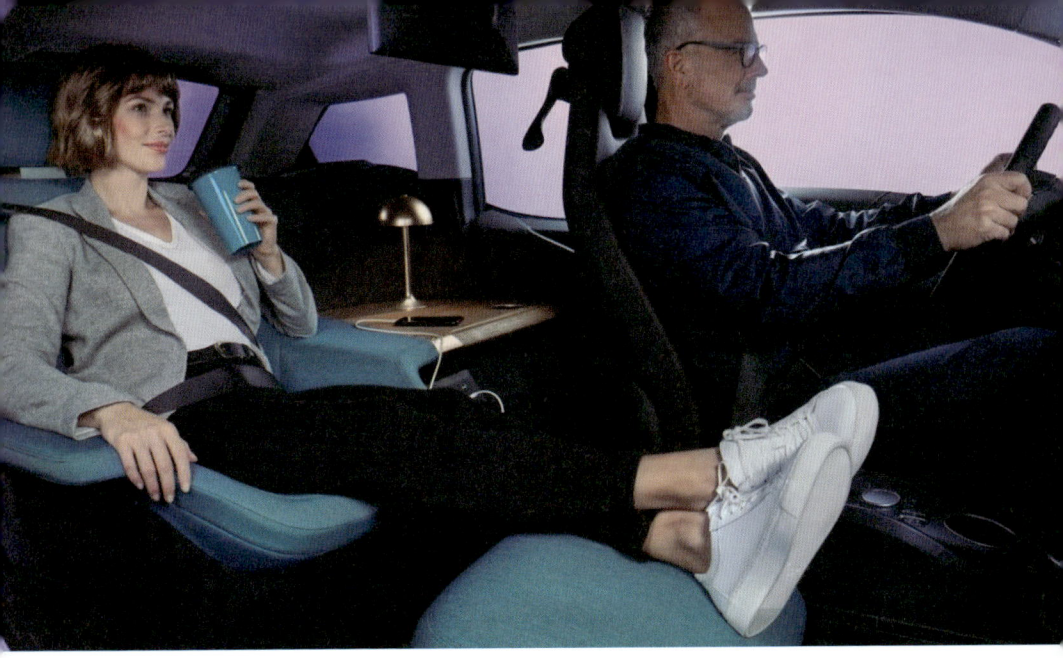

宝马 i3 Urban Suite 副驾解决方案

息和学习。从车内灯光到舒适度，再到空间区域的重新划分，宝马的改造逻辑并非基础体验的升级，而是利用车内空间实现应用场景的彻底转换。

2020 年初，通用和本田共同打造的自动驾驶汽车 Cruise Origin，同样希望外形和功能上突破常规格局，最大限度地释放车内空间。

Cruise Origin 并没有明显的车头或车尾，也没有引擎盖和后视镜。车内部只有两排对向放置的座椅和两块大屏幕，没有方向盘、油门踏板、换挡杆，一切操作都靠车内的自动驾驶系统，车本身更像是移动的宽敞座舱。

随着自动驾驶等技术的成熟应用，解放司机和乘客的注意力和时间成为可能，车内空间的新用途可以重新定义工作、亲子关系和教育……车成为高速移动的空间，是家庭、公司甚至学校的延伸，是图书馆和咖啡厅的延伸，是可以容纳丰富生活场景的"第三空间"或"第四空间"。

更本质的命题在于，如何超越按部就班的功能理解，对并无蓝图和界限的场景在智能层面开始新的想象，也就是说，谁来创造"车载会议"和车载版VIPKID？除了Urban Suite，是否还会有移动SPA？

Cruise Origin 的"空间革命"

○"车游时代"的新内容生态

汽车正在变得更安全，所以汽车空间必然会成为新的娱乐场景。数字化的车成为虚拟世界与现实世界的融合入口，"车游时代"的命题起源于此。

游戏已经占据娱乐时间的半壁江山，专业的电竞馆、VR/AR/MR（虚拟现实/增强现实/混合现实）等设备不断从视觉、听觉、触觉等多角度增强体验性。而汽车恰恰在体验性上具有明显的天然优势：不同于手机或计算机的单纯屏幕化操作，汽车本身就可以代替游戏厅、竞技馆，可以借助技术改造游戏操作方式和空间氛围，营造增强现实。

奔驰直接以车内操作控制赛车游戏，将虚拟游戏和现实操作结合，智能人机交互系统MBUX在屏幕上显示游戏，驾驶员通过汽车方向盘和油门踏板操作，车内照明系统也会根据游戏中的场景变换同步更新。如果游戏中发生碰撞，车内安全带也会收紧，空调也会以与游戏中速度相匹配的风量开启，给使用者带来身临其境的体验。

奥迪则充分借助VR设备营造出沉浸式的车内游戏体验。在奥迪e-tron后排座位戴上VR眼镜，就能出现漫威的《复仇者联盟：火箭浣熊的救援》(Avengers:Rocket's Rescue Run)的游戏场面，e-tron化身银河护卫队的飞船，与火箭浣熊一起穿越小行星群。如果车在

第一章｜万物车联：全新的场景竞争 | 031

奥迪 AI:ME 概念车 VR 游戏体验

行驶中加速，虚拟飞船也会随之加速。

而目前更多的车游，是基于车内屏幕提供的游戏娱乐服务。如特斯拉和微软 MDHR 工作室达成合作，将后者旗下《茶杯头》(*Cuphead*)植入特斯拉的 Model3、Model S 和 Model X，在车内屏幕上即可随时开始游戏。

当车本身打破原有功能边界，作为娱乐、休闲甚至工作的新空间，成为全新场景的整合载体时，商业的竞争就从出行体验和服务的"竞备"，正式转为围绕用户的场景争夺。所以，车游时代的启发不在于游戏和娱乐内容本身，而在于如何围绕数字化的车的场景，形成更多游戏化的"Plus"——不是传统的线性交互，而是多重需求并联的嵌入式满足。出行本身，就是各种场景解决方案的叠加：阿里巴巴在斑马智行推出饿了么"智慧点餐"，尝试"汽车＋订餐"服务；"小度车载 OS 版爱奇艺"可以车机端登录账号同步手机或 Pad 端播放记录，实现随时连续；奥迪的 AI:ME 概念车，既可通过眼球追踪进行交互，也可在车内点外卖，还可戴上 VR 眼镜体验虚拟飞行……

随着技术的成熟，"汽车新零售"的场景探索、车内直播、在线教育、移动餐饮都将完整、常态化地出现在用户的移动场景，"新居停"与"新出行"的背后是场景打通的数据生态体系。未来的每个企业，都是出行场景生态的要素。每个企业需要运用自己的场景生态位，以开放协作的场景能力为用户提供日益创新的数字生活服务。

打开下一个伟大周期

高速流变形成数据多样性、方案针对性和场景有效性的万物车联，聚合复杂场景，连续创造新场景。

数字化的车生长出多样场景生态，改变用户体验的同时，也让商业要素重组加速：从单点数据到贯通数据，从单一场景体验到持续不被打断的综合解决方案，从现实服务到虚拟与现实融合的服务……商业要素重构后，场景的复杂性开启全新的商业周期。以数字化的车为基础，依托数据本身的丰富和高速流动；以车为核心的场景联动，驱动场景解决方案的自由衔接与切换——我们称之为"万物车联"。

新的叙事不只围绕万物车联，但人联万物的原点由此展开，即在全新逻辑与秩序中理解充满随机性的常态。万物车联代表着待定义商业周期的新观念与新方法，成为相较于万物互联更加尖锐的表达。

。万物车联的 5 个关键词

谁是 5G、AIoT（人工智能＋物联网）、边缘计算最重要的应用场景，谁是新内容策源地，谁是新生活方式最重要的生产中心？……没有什么概念比万物车联更能代表移动与智能的便捷性，也没有什么关键词更能概括万物车联对下一个 10 年的终端可能性判断。

数据驱动的万物车联，将抢占更多场景，拥有更多时长，争夺更多的注意力。其带来的产业新规则围绕五大关键要素：语音交互、传感器对话、屏幕网络、数字能源和场景融通。

语音交互

我们依然要强调语音交互的极端重要性。正如触摸屏开启智能手机的黄金时代，交互方式的突破性创新往往是大规模商业价值创造的起点。语音以其高便捷、可并联的搜索和交互形态，天然契合移动场景，是打开万物车联的首要入口。

更加智能的自然连续对话能力，让语音交互系统更具人类的亲和力特质和逻辑能力，带来了更具情景化、个性化和温度感的交互体验。而伴随 5G 等技术全面爆发，高速率、大带宽、低延时的特性，在未来 10 年内将彻底重塑操作系统，大量应用将在云端被整合进语音交互入口，让交互更加友好与无感。

这就不难理解为什么生态巨头的语音交互之争愈演愈烈。未来语音交互的核心竞争力高度依赖机器学习，AI 助理需要在复杂场景下准确理解用户意图，预测并提供解决方案。

我们说 Smart Home 被 Smart Mobility 解释和覆盖，是因为车与人、

语音交互的极端重要性

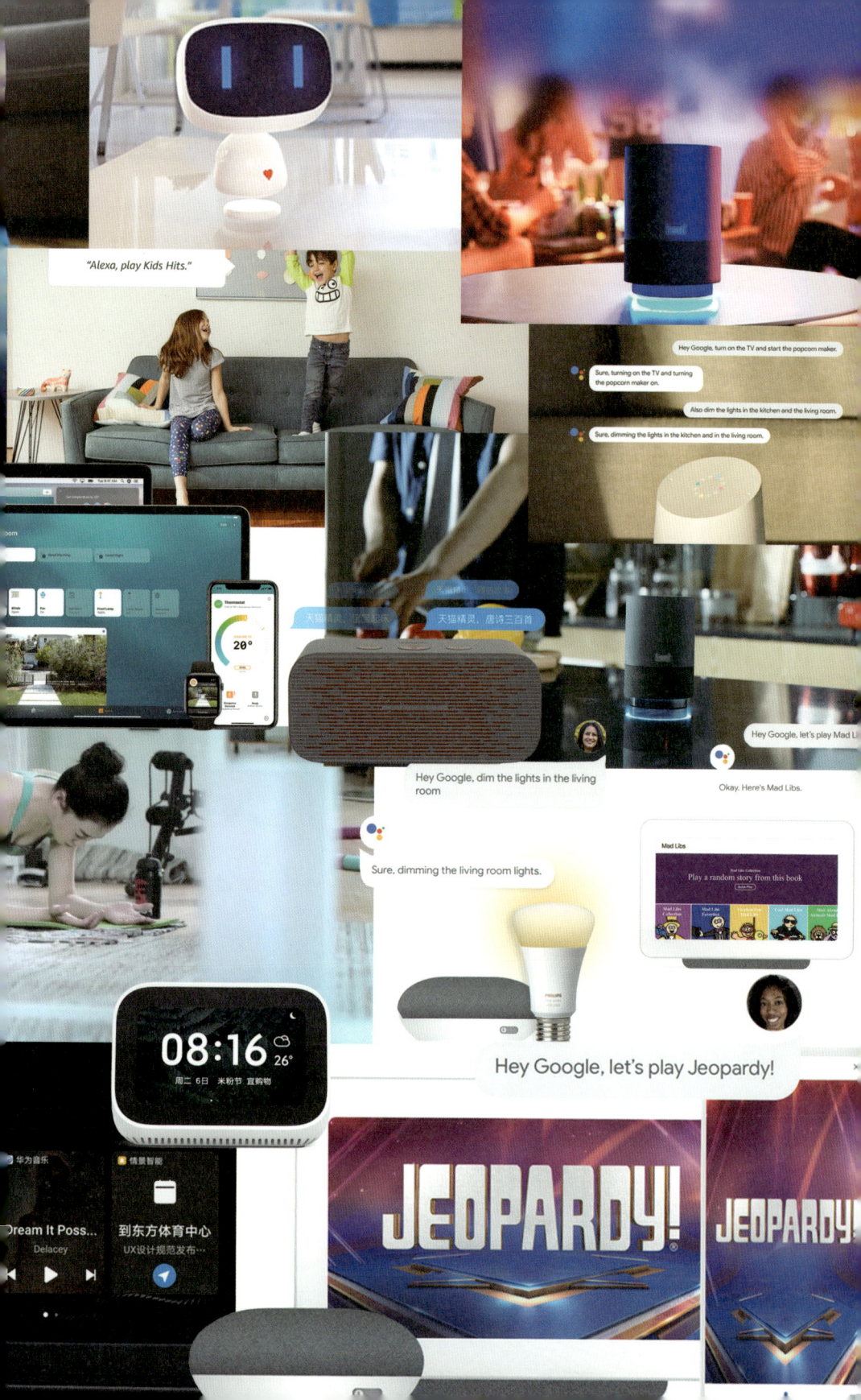

"Alexa, play Kids Hits."

Hey Google, turn on the TV and start the popcorn maker.

Sure, turning on the TV and turning the popcorn maker on.

Also dim the lights in the kitchen and the living room.

Sure, dimming the lights in the kitchen and in the living room.

Hey Google, dim the lights in the living room

Sure, dimming the living room lights.

Hey Google, let's play Mad Li

Okay. Here's Mad Libs.

Mad Libs
Play a random story from this book

Hey Google, let's play Jeopardy!

JEOPARDY!

车与道路、车与网、车与云端生态的交互，必须极度精确、低延迟和多任务并联、高频交互。当下以语音交互为核心的 Smart Home 解决方案，本质是以语音交互为核心的 Smart Mobility 解决方案的初阶版本。基于深度学习的语音交互算法，大量场景被系统化刷新，Smart Home 才会活跃而有未来。

传感器对话

万物车联之下，传感器的作用被不断放大、凸显，成为流动的稳定性及数据仓库的基础。

这也是索尼在车联领域的可能性表现。索尼与麦格纳、大陆、英伟达、高通等携手推出 VISION-S 概念车，凭借的优势之一就是传感器。从 CCD 数码相机到供不应求的 CMOS 传感器手机，从智能液晶电视、整套微单解决方案再到游戏机……长期积累的感光元器件制造优势，让索尼能在不同的应用场景中持续迁移。如同索尼凭借图像传感能力收割智能手机十年红利的故技重施：当下一个十年是智能汽车时代，索尼的 CMOS 优势能不能再续传奇？

一个个传感器支撑单体机器智能的同时，如何让机器与机器间的感知有效协同？也就是说，传感器之间可以"对话"，彼此可以感知并理解，可以互相配合与协作。全球不同区域政策与治理的数据规范，能否以统一接口让车通过 API 调取？协作的开放程度和生态的成熟程度，都会成为影响自动驾驶发展周期的重要因素。

屏幕网络

索尼 VISION-S 内部拥有多块显示屏，包括全景式中控屏，座椅后部的娱乐屏，以及最外侧两块显示电子后视镜画面的小屏。驾驶者与乘客可通过屏幕了解驾驶时的各项数据，也可以展开各项娱乐活动。同样以屏幕吸睛的理想汽车，前排的三块大屏既可显示导航信息，又可供副驾驶轻松娱乐"爱奇艺"。

屏幕在车内的使用日趋普遍化，从信息传达到内容生态再到人机交互。在完成功能转变的同时，伴随屏幕构建触点网络的是人行为的数字化，即以屏幕的无处不在，持续收集每一个细微的交互行为数据。

不仅是游戏，车内屏幕重制的影视、短视频、社交、会议等服务和体验方案，其逻辑都是场景随时切换下用户体验的连贯性。

在数字化交互的"屏幕主义"时代，手机端、PC 端、智能电视端和更多终端，从新闻资讯到社交内容，从短视频到剧集，从游戏娱乐到线上课程，正在以各种形式发生演变，并在生活场景的各个领域不断渗透和延伸。而伴随万物车联的生活方式化，屏幕作为内容承载，围绕用户在车内、车外场景不间断的体验需求，必将涌现出更多新形态的解决方案。如同分众传媒长期占据电梯场景分发品牌内容，车本身也成为内容更加高效短链的分发场景。如此就能理解字节跳动进军车联网的目的，不仅仅是懂车帝的专业内容，而是抖音上车的可能性。

数字能源

从电池技术的加码，到充电便捷性的竞赛，再到智慧能源网络的深耕，围绕能源的竞争愈演愈烈，从宁德时代、比亚迪的发展便可见一斑。"泛在能源"即网络定义的能源，它不仅是万物互联的能源基础，更支撑着万物车联源源不断的新场景连接，成为重要的数据入口。特斯拉如是，尼古拉如是，备受瞩目的充电桩也如是。

充电桩作为新能源连接基础设施的重要性日益深入人心。入局者既包括特斯拉、蔚来等一众新造车企业，更包括以国家电网为代表的能源公司，甚至还包括阿里巴巴、华为等科技企业巨头，当然还有星星充电等专注充电桩建设与运营的创新代表，以及轻程物联网等能源产业探索者。2020年，"新基建计划"的发布助推了充电桩产业的发展。

星星充电前瞻性提出"移动能源互联网",既是产业与能源的互联,也是以车作为"移动储能装置"的用户和能源的互联。在星星充电的实践中,互联互通的本质是以用户真实场景痛点为连接设计的关键点。充电桩不仅作为智能设备被建设和运维,还作为移动能源互联网的场景接口被运营。运营车、物流车、移动充电、社区充电、私人充电、公共充电……围绕这些应用场景,还有大量未被定义和未被满足的颗粒度需求,等待更具体的场景深耕,和能源生产、能源传输、能源消费三位一体的解决方案。星星充电移动能源互联网的底层架构,是围绕充电刚需场景打造智能的管控方案,也是能源场景OS。

星星充电更重要的发展路径是:以数字能源的场景接口和场景OS的开放架构,进化为数字能源协作网络的生态引擎。凭借充电桩网络的规模效应,星星充电有机会成为场景开发者平台,不仅打通以主机厂为代表的汽车产业链,还深入连接能源服务链,如地产、物流、车辆运营等合作伙伴,助力挖掘新场景,共建移动能源解决方案的互联生态。

场景融通

万物车联的AIoT逻辑是,数字化的车成为计算中心,存储驾驶、内容和体验数据,并通过场景开发不断融合物联智能生态。这是优良的交互，也是速度的释放，但重要的是柔和的光线、缓缓响起的音乐、生机勃勃的绿植、更少的闪烁和随意的切换。正是这样一个又一个的场景时刻，潜移默化推演新的移动生活。

思考数字化的车，我们需要重新思考智慧出行的意义：是关注细节，还是体验心流；是安全无忧，还是真实社交。谷歌旗下 Waze 所开启的车辆导航社交与今天的谷歌地图、高德地图、百度地图，是基于 LBS（基于位置的服务）的新连接还是探索新场景的内容消费？在看不见的数据背后，有意义的场景能够被有效整合和无缝衔接。

场景融通的实质是知识图谱的融会贯通。知识图谱不仅指谷歌 2012 年提出的指导场景开发的技术层面概念，还指从知识建模到数据采集、清洗、转换，再到知识抽取、融合，直至知识存储、知识计算等操作构建的庞大关系图谱。作为产品和服务创新的思维底层，它在支撑不同场景解决方案的同时，又统一于同一目标。正如 2020 年 6 月开业的华为智能生活馆，包含 2 000 余款智能终端产品，以及沃尔沃 S90 HiCar 展区、AR 星空顶咖啡吧。这是智能家居、运动健康、智慧出行、影音娱乐等场景贯通的智能生活方式雏形。车作为数据载体，以建模、数据与算法的关联打通节点，为用户提供流畅衔接的不同场景体验，是为场景融通。

语音交互、传感器对话、屏幕网络、数字能源和场景融通，共同构成万物车联的关键线索，紧扣主题的是以数字化用户为中心的场景解决方案。随着接口的打通，数据在不同设备、不同空间中持续流动、交互，用一个又一个新生的场景把生活编织为一张巨大的数字网络，用不同场景融通人、各类空间与各种智能设备，进而实现以数字化的车为中心的场景互联。

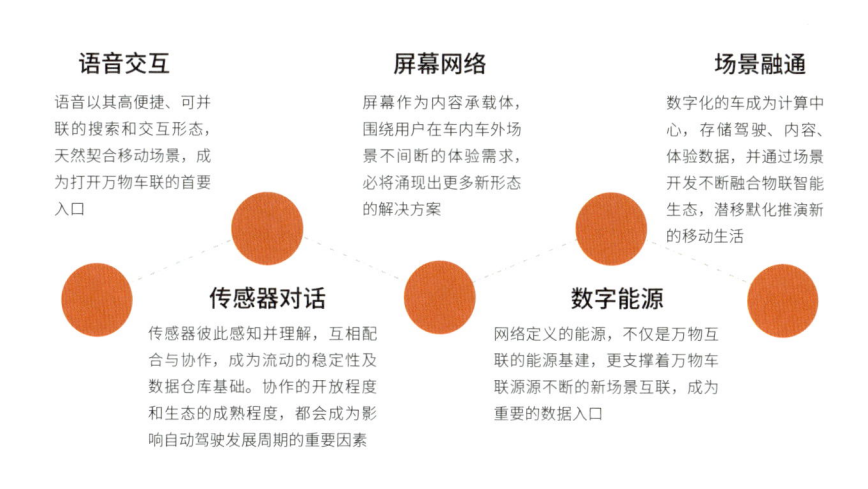

语音交互
语音以其高便捷、可并联的搜索和交互形态，天然契合移动场景，成为打开万物车联的首要入口

屏幕网络
屏幕作为内容承载体，围绕用户在车内车外场景不间断的体验需求，必将涌现出更多新形态的解决方案

场景融通
数字化的车成为计算中心，存储驾驶、内容、体验数据，并通过场景开发不断融合物联智能生态，潜移默化推演新的移动生活

传感器对话
传感器彼此感知并理解，互相配合与协作，成为流动的稳定性及数据仓库基础。协作的开放程度和生态的成熟程度，都会成为影响自动驾驶发展周期的重要因素

数字能源
网络定义的能源，不仅是万物互联的能源基建，更支撑着万物车联源不断的新场景互联，成为重要的数据入口

万物车联的 5 个关键要素

○ 万物车联的"信号"：场景开发

作为万物互联的新阶段代言，万物车联宣示着数字化的车在内容生

态、移动互联和智慧家庭等诸多场景生态的算法价值，不仅是智慧场景的计算中心，更是未来商业模式和生活方式的创造力引擎。车联万物，本质是人联万物。

理解数字化的车成为新场景连接器，就要理解以人为中心的媒介工具的变化：越来越数字化的个性特征、越来越数据化的场景、越来越算法化的刷新度，让许多意想不到的场景在驾驶舱等车载空间被开发。知识服务、视频会议、车载办公、英语教学……随着一系列新场景的开发，新的有效时间被界定，新的生活方式被创造。越来越多的人把时间与注意力分配到新开发的场景，并逐渐养成新的用户习惯和消费者心智模式。

至此，我们必须说，万物车联释放出下一个10年场景规则的极致信号——新场景不断被创造、细分和融合，场景开发将会成为至关重要的商业竞争力。

地产的野蛮生长首当其冲被场景开发终结，无论是住宅还是商业地产，都会表现为以更新能力、融合能力、数字化能力、策展能力为底层的场景IP建构力。智慧城市的实质就是智慧场景，场景流动足见城市文明。

智能制造与工业互联网的差异正在于场景。格力的机器人伺服驱动系统、博智林的建筑机器人、京东物流机器人，都是在缝隙场景找到最需要解决的小问题，进而开发出新的场景提案。而 2020 年席卷全球的疫情所带来的变化有太多不可逆，关于个体防护场景、到家场景、社交距离场景、健康码场景、电子签名与电子印章，尤其非接触场景解决方案的必要性，让我们看到了后疫情时代场景开发的重要性和必要性。

"非接触商业"的 6 个创新举措

1 以"新机器爆发"的姿态,完成工业场景的非接触场景改造

区域性消毒、工业除锈、电网检修等高风险、低效率的工业场景,将通过无人机、AI 机器人替代人工的方式,完成非接触场景设计,并应用到类似的工业领域。新技术产品作为新制造基础要素,将被更多嵌入快递配送、消防、农业、监控、安检等更加多样的应用场景。

2 无人零售模式更适配全渠道零售的近场需求

非接触需求推动了对无人零售模式的再思考,它的最大价值不是作为独立商业模式存在,而是在线上线下融合的全渠道零售中,作为加速全渠道闭环和填补场景缝隙的要素环节,为离用户更近的接触点提供非接触解决方案。

抢占无人零售模式的再定义机会,要做好两方面:一方面,对于具备全渠道能力的零售企业,能否依托供应链优势快速完成触点建设,形成全渠道高效协同;另一方面,能够针对非接触的体验细节,形成无人零售购买流程的新 SOP(标准作业程序)。

3 将直播作为效率工具,完成更多内容体验式的非接触场景建设

内容体验式的非接触场景将会越来越常态化。以场景 DTC 的思维撬动更多领域,进一步实现体验的优化以及时间、成本的节约。比如,细致饱满、感染力更强的厨房直播;将外卖餐饮供应链透明化的外卖 2.0;采用更多摄像头传感器,打造身临其境场景的工地直播;实现建造流程线上监督的云监工 2.0;以及店播基地重塑线下零售新体验。

4 集合 5G、超高清视频等技术，运用场景设计提前优化异地诊疗

异地诊疗或异地手术的难度极高，而意义极大，本质上是医疗资源的平衡式分配。因此，优化此类非接触的场景痛点，关键且重要。5G 和超高清视频技术，可对病患手术场景完成信息密度更高的还原。以解决诊疗细节问题为切入点，从患者和医护人员的角度出发，设计出满足两者的无接触诊疗场景，在拟真的实时同步下反复优化迭代，直至设计出安全流畅的场景对称机制。

5 以泛在传感和新交互技术，打造体验优于接触场景的在线教育

今天的在线教育，更多的是通过场景还原，打造接近于线下场景的功能体验。然而，传感器能清晰捕捉人容易忽视的情绪，VR、AR 等新交互技术能传递、展示现实中不太直观的画面。通过技术整合和场景算法，在线教育等知识传递式的非接触服务，将带来高于现实场景的体验。

6 与数字化深入融合，非接触的个体认知会带来全新的商业机会

后疫情时期，非接触需求从应急到认知固化，已经站在不可逆的生态位。与数字化体系的深度融合不仅让商业模式因此改进，"非接触"的个体认知也会带来更多商业机会，从数据安全、隐私保护到防护方案，"孤独经济"成就了无人酒店的智能入住和离店手续办理，成就了一人食、一人办公，或者一个人的孤独图书馆、一个人的密码库、一个家庭的独立云盘……非接触的场景想象来自更细的细节。

场景纪元

ERA OF CONTEXT

第二章

场景开发：创建新的有效时间

"场景"是有时间的空间，是体验的智慧感知。车联环境表现出的复杂性，昭示着有意义的新场景源源不断，形成了同一时空维度多样性需求的解决方案的叠合。

如第一章所述，无论是新造车势力还是互联网巨头，都在针对高速流变的万物车联场景，开发可以承载独特价值主张的解决方案。捕捉和定义这些不断涌现的、具体而微的新场景，以系统性商业思维打造场景解决方案，并将其转换为商业价值。场景竞争成为未来商业竞争的本质，而对新场景的定义、开发与设计也成为商业的新竞争力。

在场景开发中，有效时间提供了重新审视场景价值的视角，因为万物车联挤占了更多场景，占据了更多注意力。可以这样浅显地加以理解：社交、内容与服务在手机与车之间进行联通，智能语音交互、远程视频会议、自动驾驶技术等，将为用户"腾挪"出更多的新时间单元。那么，这些"新产生"的时间将如何被定义和占据？

关于场景开发和新的有效时间，万物车联显然是明确的信号：场景高度复杂，时间单元高度重叠。而在数字商业的更多领域，新场景如何持续被发掘，如何因为时间分配而确认价值，又如何因为意义的赋予而成为新的生活方式品类呢？场景纪元的新命题，可以围绕新的场景与时间单元生成而展开。

有意义的新场景不断生成

○ "车载微信"不是微信

对时代转换新场景一向敏锐的腾讯，在移动互联网时代拿到"头等舱票"——微信，而在万物车联爆发的前夜，腾讯也同样展开了新的探索。

腾讯于 2020 年推出的智能出行引擎 TAI3.0 和流畅出行场景助理腾讯随行，根植于腾讯探索产业互联网的连接基因与数字化助手角色，以超级 ID 的核心优势，"C2B 式"连接数字化的人与数字化的车，联合产业开发者定义与创造更多价值场景。在我看来，这可能是场景生态最应该关注的操作系统级别的创新。

所谓超级 ID，当然是指微信所定义的庞大移动社交网络。而被集成于腾讯随行之中的车载微信，同样格外引人瞩目。对于造车企业，能否凭借微信 11 亿用户的账号与社交关系加速市场教育，实现从账号的一键登录到出行场景的快速分发？对于用户，微信作为高频"生活方式级"应用，占据着越来越多社交之外的生活场景时间，它是否可以成为出行与非出行场景无缝接驳、实时在线的支点？而对于更多关注万物车联，想在新的场景策源地提供服务、占据用户心智的广大企业来说，车载微信是否依旧是更好触达用户、提供场景解决方法低门槛的第一站，从而长出一个全新的车载拼多多？

车载微信或许接近出行场景的超级 ID，虽然正在成长且有着支撑场景流畅切换的更多想象，但无论如何，车载微信不是微信。不仅因为场景社交的新巨头未必就是微信，还因为新的场景语言，一定会指向一套全新的体验、设计和交互逻辑。

我们在第一章说到，商业的一切将在高速流变中重来一遍，车载场景的社交解决方案可能在于用户应由主动参与转变为被动接受，车载社交注重的不再是移动互联的个性化，而是高度集成，安全社交成为产品交互设计的第一原则。其中，产品的研发逻辑是由若干具体、特定的小场景定义的。手机微信以文字输入为主，自然不敌车载微信的语音输入便捷。在安全社交基础之上的准确识别要求方面，车载微信要比既有微信的文本转译精度更高，速度更快；在沟通效率方面，车载微信要求模糊输入能力更强；在场景切换方面，车载微信和手机版本的衔接度会更充分与饱和。

理解场景社交的真实存在，在于以万物车联"原住民"而非"移民"的视角，去重新理解一个产业更加巨大、品类更加丰富的场景时代的来临，只有基于对新移动终端的全新理解，类似车载微信这样的场景解决方案，才能支撑更多新场景的开发，不断生成全新的生活方式。

○ 场景探针：敏捷响应独特具体的请求

万物车联开启的全新场景时代，重点是打开人的视角和视野。"旧大陆"的基础设施，也要围绕场景开发重新设计商业逻辑，打造启发汽车产业链的开发者生态。

从"超级ID"到"超级连接"，再到场景切换与"超级流畅"，腾讯智慧出行希望通过TAI3.0的"生态车联网"服务，让用户在开车时减少手机使用的同时，能够安全、自然地与真实世界交融互动，打通上车前、行车时、下车后场景的无缝体验，实现以人为中心的服务随行。

场景切换的流畅需求，本质上是在"功能车"转化为"智能车"后，从智能手机到智能车的体验的流畅，从消费互联网到产业互联网的转移的流畅，是不同移动终端的场景连接、交接与对接。

作为直接面向用户端感知的数字助理"腾讯随行"，其车内这个密闭空间创造了精准的外部环境感知与服务匹配，形成"场景探针"，让用户更好地理解行程外部环境与周边服务。一方面，它解决了开车时的复合需求——车内主要服务场景可一步触达，减少用户的点击操作，而移动交互的新方式让人机对话更加自然流畅。另一方面，借助超级ID和无感支付的连接，实现服务全时在线，让用户能够顺畅体验手机、车机等多设备间的连贯服务。腾讯随行还打通出行场景的车载轻应用生态——腾讯小场景，它类似于小程序，有无须下载安装、易开发的特征，匹配驾车场景每一个可能存在的唤醒环节。

场景变化决定了产品形态的跃迁。正如 PC 互联网用户的主动搜索，演变为移动互联网手机端的信息流，万物车联基于 LBS、车身传感器等数据，使为用户提供智能化、无打扰的"服务伴随"成为必然。比如，红绿灯时，可以推送目的地附近用户常去餐厅的实时优惠信息；驾车听音乐时，自然提示用户常听的乐队在附近 LiveHouse（室内展演空间）的演出信息；自驾游时，主动提示前方区域天气变化，帮助用户及时更改游玩计划。碎片化需求因为场景被激活，小场景的开发解决用户小问题，最终沉淀成用户心智和使用习惯。

TAI3.0 的本质正在于场景开发：以车载微信为基础，超级 ID 一键登录，车载场景社交、内容、娱乐混合接驳，形成新的社交品类、内容品类。在场景切换体验的反复磨合下，新的时间观念正随之产生，如同微信红包的"200 元"、知识服务的"199 元"、视频号的"1 分钟"。通勤场景的视频会议、上学场景接送的亲子共读、就诊场景的挂号预约……"车载"日益高频占据着更多非日常场景。

判断数字化的车还有哪些场景可以被重新开发？可能是车载办公、车载教育、车载外卖、车载零售、车载娱乐、车载社交、车载直播

腾讯 TAI3.0 车载微信

等，但更可能是在这些传统品类划分下的二级、三级子类目，即更小的场景，更细节的体验，更精确的痛点。很多这样的尝试，现在是以二维码、平板电脑或者车内货架为代表的"1.0版本"，更加系统的流畅体验和需求场景尚待重新设计与发掘。

场景开发的过程，是痛点倒逼的解决方案形成的过程，其背后是独特生活方式的细节请求。车载社交、车载教育都只是冰山一角，更多的小需求所对应的场景解决方案，会通过高速海量的数据运算出来。

○ 软件定义的场景开发

不得不承认，数字商业的场景开发，越来越表现为数据驱动和软件定义。数字化的车遵循的是渐进式软件更新，以此向自动驾驶迈进。届时，人会被解放出大量时间用于创造，创造美与热爱。

以万物车联为例，新场景开发包含三个基础设施要素：传感器——数字化的车构成的数据仓库；算法——精准的场景连接与匹配；云——支撑场景分发的流畅体验。

数字化的车成为数据仓库

传感器

精准的场景连接与匹配　　　　　　　　　　支撑场景分发的流畅体验

算法　　　　　　　　　　云

万物车联新场景开发的三个基础设施要素

数字时代的出行小场景如何定义？它是每个人感性的表达，一次次被捕捉、被洞察，是移动场景的意识觉醒；它是数据理性的反馈，一次次被优化、被迭代，是算法分配的有效时间。因此可以说，软件定义的场景开发其实是一次合作，是传感器、算法、云的具体协作，是感知、体验、数据、认知的深入协同。每个场景的开发完成，都是通过联动进而改变时间与空间的尝试。

比如，预测车载屏幕的网络化与在线化会催生"移动策展"场景开发的可能。这个新场景有车主投票推选的主题、策展人给出上传内容或屏幕呈现的规范、艺术家和观众的交互界面、车载微信群和讨论区、更新模板。再比如疫情期间 One World 音乐会对出行场景的启发——移动 K 歌网络音乐会。登记账号报名、时间地域车辆的接龙和分层、车载麦克风、车载弹幕，就可以想象"唱吧 +B 站 + 腾讯会议"三合一的新场景。

小鹏汽车发布 P7，选择将支付宝小程序与 P7 车载系统全面互通，数百万支付宝小程序登陆 P7，正是希望通过支付和本地生活的连接创造出更多车载应用场景。在华为、字节跳动等公司看来，类似的探索也必须是自身能力优势的自然延伸。在对万物车联的最初定义中，软件成为场景开发的基础抓手和核心触点。选择怎样的数字化的车，就是选择怎样的移动交互方式与互联网生活习惯，就是选择怎样的连接方式。

2020 年 4 月，小米战略投资博泰，双方在软件、硬件、语音多场

博泰随身车联网解决方案

景交互等方面进行深度合作。发力智能家居的小米公司长期布局"5G+AIoT",可能是试图以车联生态硬件为基础,复制汽车互联网服务的小爱同学和小米有品。而博泰较早提出"手机即车机"的概念,通过将"博泰OS云"内置于用户手机,在现阶段以手机算力与AI算力替代车机,试图实现将"车内2小时"延伸到"手机24小时"的随身车联网。不同于苹果Carplay支持部分音乐播放和地图应用,博泰的随身车联网解决方案,支持用户将自己习惯的手机应用生态直接带上车。

如第一章所述,无论新造车势力,还是互联网巨头,都在针对高速流动的车联场景,抢占基于自身独特优势的生态位:或者软件,或者内容,或者应用聚合。

总结万物车联的场景开发要素,主要包含:

1. 数据的稳定性——5G通信、云存储、智能泊车。
2. 车载健康系统的可靠性——温度、湿度、消毒、杀菌。
3. 内容订阅的统一性——以车载微信或支付宝为入口,随时登录。
4. 降噪、内饰屏幕包装、驾乘氛围的重要性——细节被关注。
5. 家庭成员出行沟通的有效性——陪伴和社交。
6. 自我提升与亲密关系的成长性——移动办公、知识服务与在线教育。

7. 车联万物的安全性——基于超级ID的多设备与多任务管理。

8. 立足LBS算法的灵活性——办公室、客厅、停车位、行驶等多场景互操作便捷程度。

在软件定义的汽车产业，如何捕捉和把握万物车联创造的新场景，系统性打造场景解决方案，正成为万物车联商业价值和行业价值的关键点。新的商业竞争是场景竞争，而"场景设计力"也因此成为商业新竞争力。

场景设计力：应对不确定的确定性能力

○ 未来商业竞争的本质是场景竞争

曾经有人问，移动支付日益普及，国人一天扫码10亿次，全世界几十亿人，每人每天都会消耗二维码，日积月累，二维码会被消耗光吗？答案虽然是不会，但背后的场景思维的确值得深入思考。当流量与用户无法尽在掌握，却又无处不在，当线上或线下不构成识别"人"的门槛，数据的贯通亦不再是高不可攀的壁垒，"场景"以其商业思维的系统性和解决方案能力，从未像今天这般表现为更有现实意义的"二维码"。

2015年，我关于场景的思考点在于移动互联背景的流量迭代，是人与商业如何重新连接。微信、手机淘宝、爱奇艺是那个时代的新物种。而匆匆数年，以短视频、直播、智能家居为代表的新生活方式崛起，挟场景之势席卷行业与用户——没有场景的流量是无效流量，没有场景的用户是无效用户。"流量为王"的商业逻辑进化为数据之间的生产、挖掘、协作和竞争。海尔集团董事局主席张瑞敏也认为，"产品会被场景替代，行业将被生态覆盖"。但问题的本质不在于此。我们看出行与本地服务的数字化融合，激发场景争夺的不仅是滴滴出行与美团的业务越界，顺丰与同城配送的场景交集，还在于哈啰出行发力跑腿业务，滴滴上线货运和社区电商，支付宝挺进社区数字化……所以，腾讯创始人马化腾屡屡站台的都是一些看上去很小的产品，从腾讯公交乘车码到地铁微信乘车码，因为这是场景入口。

疫情期间的健康码争夺战，无论微信健康码还是支付宝健康码，都因为高频的入口级战略位置而显得无比重要。同样的类比在于对微信视频号和腾讯微视的判断，谁是最可能的破局点？因为有微信这个场景的基础设施，视频号显得更有生命力，但视频号一定不是抖音，也非快手，而是"朋友圈短视频社交场景"和"微信知识分享场景"的同构与共创。

作家押沙龙说："要看四大名著电视剧，B 站是最方便的一个平台。不仅可以看剧，还可以研究那些弹幕和评论，这些反馈要比想象中有意思。我是指，把它们当作真实世界的镜子去看。"这就是 B 站场景生态位的独特性：特定的亚文化阵地、以弹幕为标志的参与感、UP 主的活跃度，而不仅仅是视频播出平台。今天商业表现出的变化恰恰是：越边缘，越能成为主流；越离散，越能占据势能。背后的逻辑就是场景的丰富性与多样性。比如必胜客运用 5D 投影，将莫奈夜花园搬进餐厅，打造全感官沉浸式体验，其主打产品以莫奈作品为灵感，如源自《睡莲》的甜品，拿过餐盘放到面前，"睡莲"就会自动盛开在餐盘中央。

场景生态位的抢夺，驱动大公司和新物种不断进化，形成对新生态与新场景的敏捷设计。京东数科从金融科技拓展到智能城市业务，包括线下出行、消费，以及线上数字营销、金融。在大场景之下，京东数科始终关注场景的深耕，譬如 2019 年在布局 AI 机器人业务

必胜客"莫奈夜花园"

线之初,第一个场景MVP是金融客户需要的机房巡检机器人。他们在自研场景设计时依据银行、数据中心客户的精细化需求,让机器人能在无网络环境下工作,可以无人操作,也可以自己坐电梯,甚至还能够识别机房是否漏水。

而模式一旦被验证,场景就可以被复制到更多领域,新场景随之被更高效地开发。除机房巡检,京东数科机器人团队针对其他特殊场景研发服务机器人,如铁路巡检机器人可在高原铁路的无人区保障铁轨安全,同时保护铁路巡检员的人身安全;室内运送机器人已在疫情期间落地上海某确诊病例收治中心,减轻医护人员在高危场景下的工作压力。很多看似不同场景的机器人,重要组件其实是相通的，比如用于医疗场景的仿生手，其空间定位能力和机房巡检机器人的巡检机械臂其实完全相同。京东数科具备特定场景的底层研发能力，不同形态的机器人，实则是场景芯片价值的应用分发。

以万物车联的"信号"来理解新的商业范式，海量数据在车、路侧设施和云端高度流动，既要做到低延迟、高精度，又要屏蔽正常环境的噪声，以及不确定突发情境的扰动。同时，渐渐被自动驾驶解放手眼的用户，还需要新的注意力吸引与情感满足。如同移动互联的智能手机和超级应用成为基础设施，系统数字化产生的各种新场景，也在呼唤更加有弹性、精准、敏捷的新基础设施的诞生。每个公司都要在自身生态位设计场景芯片与操作系统，以便更好地抢占更多新场景，构建真实的场景壁垒与生态竞争力。

○ 场景设计力：数字商业的创新动力

毫无疑问，这个时代的数字化进程，就是新场景开发不断伴随个体生活的进程。譬如苹果 iOS 系统在 2020 年 5 月的一次升级，其 Face ID（苹果脸部认证方式）已默认"戴口罩"为全球化常态，可以更快呈现输入密码的解锁路径。这样微小的场景在个体感受上可谓稍纵即逝，但为什么也被定义为郑重其事的解决方案，成为 iOS 的一次重要升级？新的场景开发乃至系统设计的过程，其实是在不断解决数字时代最小的麻烦。具体的真实数据，支撑着体验细节与解决

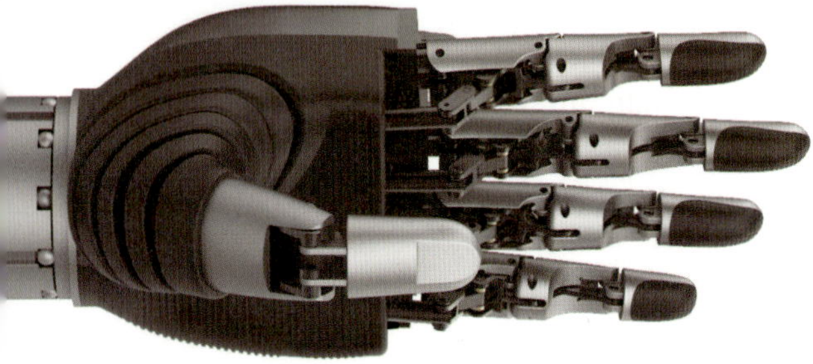

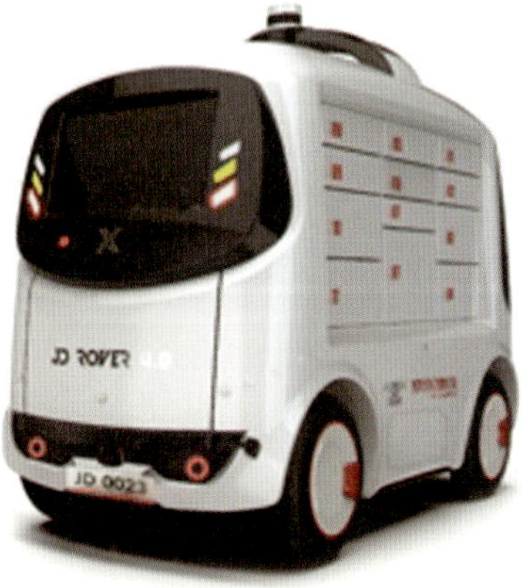
JD ROVER
JD 0023

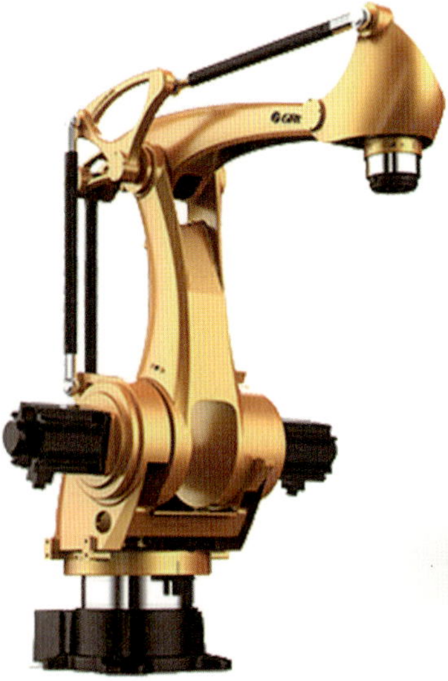

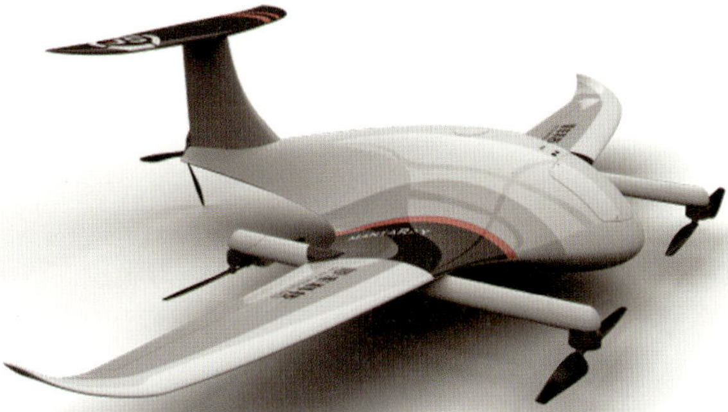

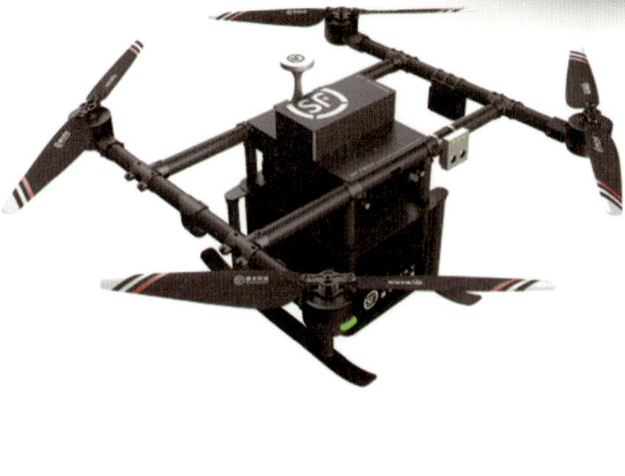
SF

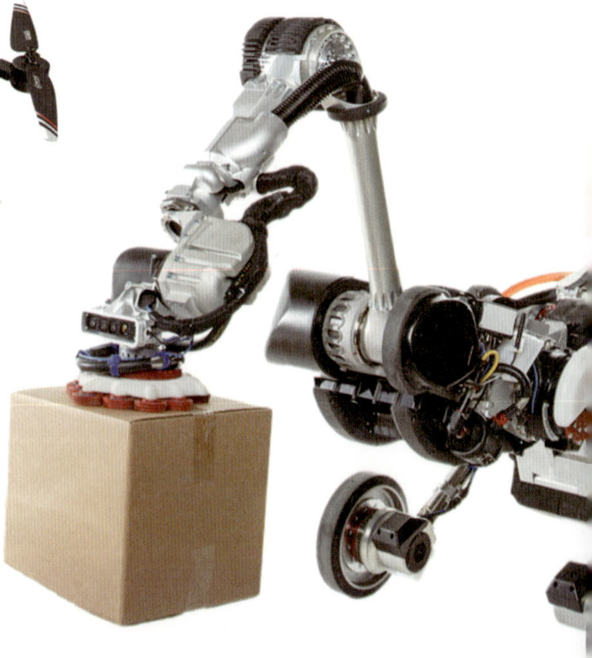

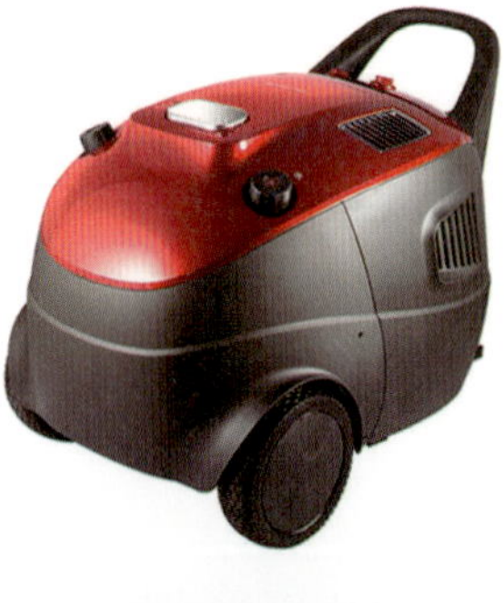

"小机器人"填充场景缝隙

方案的演进。

我在 2019 年 8 月提出"AI 物业",就是因为物业公司离用户最近,大量的小问题都需要物业公司借助新技术解决。疫情期间,社区成为决胜的最后一道防线,极大暴露了大部分物业平台的数字化软肋,也加速了物管新场景的开发。万科物业、保利物业、碧桂园服务等头部公司纷纷拓展政府、商业、企业总部等场景,努力设计住宅之外的利润增长点。其中保利物业对景区、小镇等物管需求度较高的泛社区小场景率先实现数字化,取得了很好的产业收益,"大物业小场景"的差异化 IP 初步形成。

传统上助力商业数字化的软件销售者、平台系统集成解决方案供应商,甚至诸多 SaaS 平台,似乎成为粗放的代名词。系统数字化进程面前,摆着一条正确而艰难的路——场景设计力。不断开发新场景、融合新场景、设计新场景,这样的过程,必须有"缝隙化"的洞察与研发逻辑,从而彻底摆脱"一招鲜,吃遍天"的能力模型和固化思维,去迭代更加"规模化的个性化"和"个性化的规模化"。场景设计力是"design"(设计),但更是"design thinking"(设计思维);是对消费者认知、审美和消费精神变化的持续理解,也是技术进步对应的精益方法。其中,场景痛点、场景芯片、场景接口、场景建模是场景设计的 4 个关键词。

```
┌─场景痛点─┐
│ 以用户需求为导向，深挖场景痛点 │

         ┌─场景芯片─┐
         │ 针对细分、离散、流动的场景，以系统性
         │ 方案设计场景芯片 │

┌─场景接口─┐
│ 以开发架构和场景接口形成协作 │

         ┌─场景建模─┐
         │ 可优化、可复制，完成场景设计的闭环 │
```

场景设计的四个方法要素

首先，以用户需求为导向，深挖**场景痛点**。在对用户长期不懈的陪伴与理解中，洞察麻烦，在反复的交互中"证实"或者"证伪"新的场景问题。譬如，云办公的居家形象管理、"黑天鹅"时代面对不确定性的心理焦虑、手机屏幕分辨率、游戏掉帧度、丰巢快递柜收费与香奈儿涨价，谁是真实的场景痛点？快递查询和快递代收，谁是真正的场景需求？

其次，针对细分、离散、流动的场景，以系统性方案设计**场景芯片**。场景痛点真实存在，企业就需要给出具体的解决方案。仍以物业管理为例，万科曾经推出"住这儿"App，这是不是芯片级的解决方

案？从零售近场服务角度看苏宁推出的"一小时场景生活圈"是不是更合理？前面提及京东数科针对 AI 机器人的场景复制，就在于首先设计了通用型的底层能力。小米能够成为智慧家居的引领者，核心就是家居物联网的研发投入持续而坚定。

再次，以开发架构和**场景接口**形成协作。敏捷协作已成为新规则设计的基准点，每个触点都要更加高效、短链地去面对真实的用户。开放架构与场景接口形成的弹性协作，是新开发者的应用市场，是柔性供应链支撑协作的可编辑和可拓展。场景实验室推出的新物种实验计划，就是基于场景接口设计标准化的新物种赋能。

最后，**场景建模**标志场景设计最后一步的闭环与完成。不仅因为只有建模才可优化，更重要的是只有建模才可复制。今天最准确的建模建议，是小程序 Plus，通过小程序激活场景、连接场景，使场景的模型在使用中经由用户与数据的双重打磨日益合理。我们看到大量的会员体系都借由小程序发生裂变，背后其实也是拼多多、云集和多抓鱼的场景增长逻辑。

开发新场景，定义新场景，设计新场景，这个时代数字商业的创新动力催生了越来越多的新物种，从策展型商业到分布式酒店，从医疗机器人到万物直播，从特斯拉到尼古拉，总结起来，数字商业新物种的场景设计有如下特质：

1. 极致功能：产品的符号化与超级 IP 趋势。
2. 动态内容：场景细分的内容型切换。
3. 界面友好：人性化与个性化的平衡。
4. 科技美学：简约或繁复的取舍。
5. 智慧迭代：场景融通的更新机制。

数字战略在于层出不穷的小场景创新

传统的品类定位不再是商业竞争的决定性要素，场景才是。无论直接开发新场景，还是基于对各个领域的深度理解助力新场景设计，场景设计力的底层，都是用户驱动的敏捷协作和围绕每个小场景的解决方案打造。

如果只是运营管理上的降本增效，数字化推进的各种突破可以说百花齐放；而更彻底、更全面的数字战略带给商业的新考验，其实在于立足更加深刻的业务洞察。敏捷支撑无处不在的场景创新的是基础设施，是能力模型，更是战略思维。

数据智能与产业互联，成为近年来企业数字化转型升级的热点，其逻辑在于全场景融合的数字化加速下不断被开发的新场景，需要被系统化设计。

"私域流量""流量产权"等关键词越来越多地被提及，也因为消费场景变得破碎而分散，交易可能在任何触点发生。企业需要具备与自身用户全时全域连接的能力，以最直接、完整、高效的链路完成价值交付。

深入行业，深入每一个具体而微的小场景，形成基于数据智能高度理解与洞察的场景设计力，变得尤为重要。围绕全场景数据智能，滴普科技的探索，是在 5G、IoT（物联网）、大数据、AI、云计算等技术的支撑下，不断推出可高度扩展的商业智能和产业智能平台化产品。围绕对新零售、汽车、3C 产品等数字场景的洞察，以场景设计力的模块化、通用性底层，赋能数字商业以用户为中心的敏捷与场景创新。

滴普科技"面向未来"的场景商业解决方案，首先便以开放的场景 API 作为面向万物互联的统一标准和能力模型。任何一种订单成交方式，和任何一种用户触达形态，因为数字化而得以灵活地基于 API 接口"拼配"，成为具备消费者价值的新场景后，企业也立足"端到端"的能力，向"个性化的规模化"更进一步。

对不同领域、面向不同用户的企业来说，这样的开放能力自非一日之功，关键在于数字化的提速。"场景涌现"最复杂、最敏锐的行业，其数字战略常常表现为拥抱不确定性的探索，组织、模式、业务都

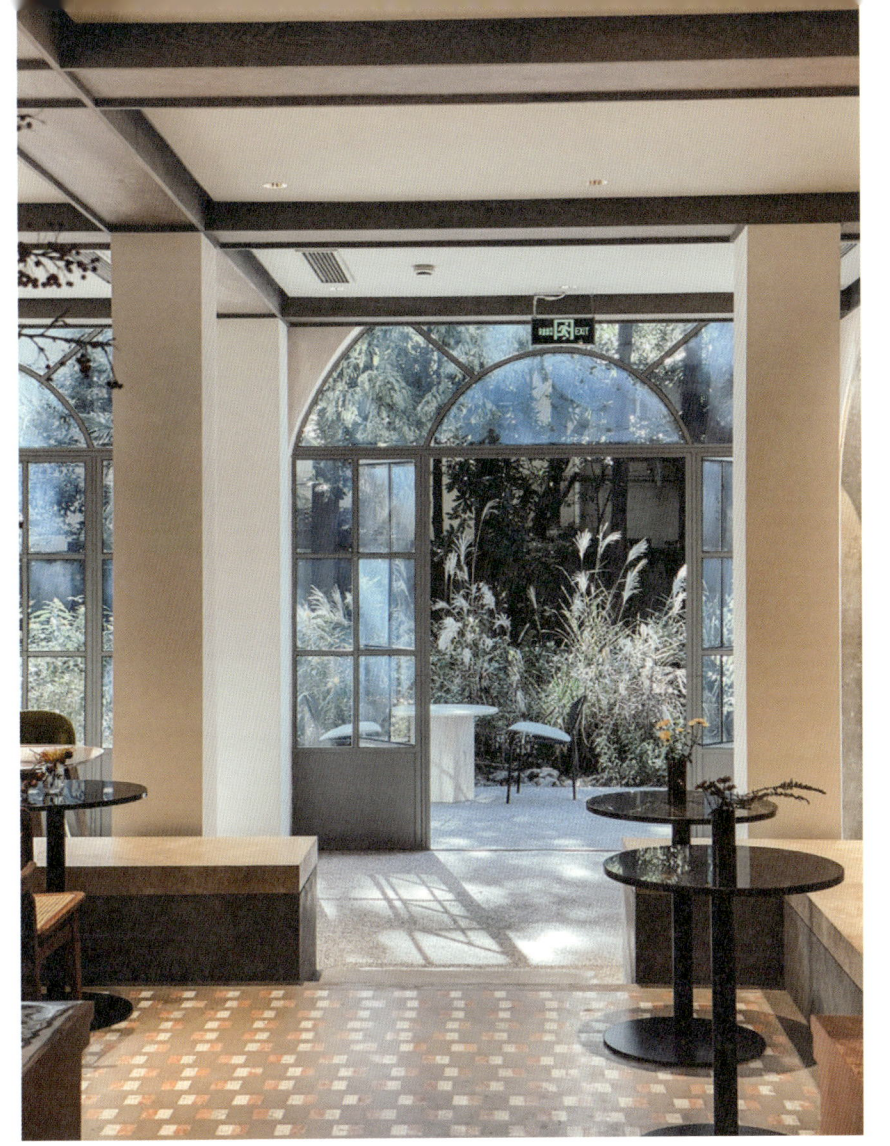

在柔性化。而助力设计新场景的核心，更在于深刻理解专业的深度，针对具体商业逻辑，围绕企业服务对象的价值与体验诉求，实现数字化链路的系统搭建与落地。

许多数字化的需求场景非常微小，是"小场景""微场景"，非贴近洞察不能精准完成链路设计。以此理解今天企业的数字战略，企业不一定需要从业务上构建完全属于自身的"端到端"全场景商业服务，但首先需要一个以自身优势为起点的能力平台，通过数据与接口的共享，形成更垂直、更精细化的场景设计。譬如，野兽派花店与北欧家居品牌 GUBI 的合作，就选择在上海老洋房，设计融精品咖啡、精品酒店、艺廊于一体的复合空间，通过野兽派广为人知的审美调性设计家居氛围，进而使 GUBI 的中国首店场景迅速落地。

越来越多"基础设施"级的企业，如腾讯汽车营销云、京东物流，将物流、渠道、供应链等能力拆解，单独对合作伙伴提供赋能服务，形成新的业务增长板块。今天的数字化，可以理解为企业数据业务开放的动态过程。这些形态各异的能力共享中心，需要企业重新思考内部的数据逻辑，以及对外的业务能力。观察滴普科技的平台产品体系，技术生态、商业智能、产业互联智能与数字中台等板块，协同形成场景设计力的系统性：一方面，帮助大企业构建能力开放平台，让数据智能成为更先进的生产力；另一方面，根据特定场景的洞察与商业设计，与垂直领域企业共建数字化模型，并在市场验证可行性。

系统数字化带来场景开发的勃勃生机，商业模式的创新因此层出不穷，从直播到店播，从 C2M（用户直连制造）到 S2B2C（社会化协作驱动的新型电子商务模式），从数字化家庭到数字化社区，新的用户有效时间和生活方式也开始被重新阐释。

有效时间所定义的新生活方式

◦ 旅行家时代：移动重新分配时间

移动出行已是新生活方式的重要组成部分，在占据更多用户有效时间的同时，也进一步定义着时间分配的新变量。房车为什么能够成为后疫情时代的新宠，安全、隔离、生活在别处，房车营地的消费升级近在咫尺。从巴塔哥尼亚（Patagonia）到雪诺必克（Snow Peak），关于户外的生活方式场景演变才刚刚开始；登山运动品牌北面（The North Face）推出 Standard 概念店和针对商务人士的 Play 店，细分功能品牌的时尚化与主流化可谓恰逢其时。

因为万物车联，出行场景具备全新的空间与体验价值，出行全程对于商业而言既是到店也是到家，城市成为分布式的体验节点。每一个个体，凭借态度、连接和订阅，倒逼更多的新面孔店铺、更多的工厂复合空间，从京都 Ace Hotel 到北京坊，从丹麦比隆乐高体验中心到 Wizarding World[1] 哈利·波特纽约旗舰店，新的效率体系、信用体系和协同体系因为新的美学规则重新改写旅行的意义。

高速移动的出行，成为时间概念上的新"奢侈"与"普惠"，它不仅是物理层面上数字化的车，更是包含各种出行工具体验与场景无缝

---

[1] Wizarding World 是 J.K. 罗琳与华纳兄弟公司合作的哈利·波特 IP 品牌，包括线上平台、游戏软件、线下体验中心等。——编者注

接驳的解决方案。也因为绵绵不绝的流动场景，我们才说伟大的场景产品时代，是由场景开发推动的场景纪元。

出行就是居住，居住亦是出行。所谓旅行家时代，是因为万物车联的场景开发让"心安即是家"从未如此贴切：旧的时间被折叠，新的时间被呼应。正如阿兰·德波顿在《旅行的艺术》中所定义的，旅行的意义在于培养对细节的感知和观察能力，而细节觉知也正是场景开发的消费者洞察要旨。

出行意味着漂泊感，意味着新社交关系的可能性和边界拓展，也意味着全新的自我审视与认知的陌生体验。亚朵在南京开设的网易云音乐轻居酒店，用一流音箱、免费歌库、乐队表演以及直播打造音乐生活新场景，从每个人的彼此"看见"，到被放大的 LiveHouse 成为现实，表现在酒店设计理念上，是音乐 IP 酒店与本地社群的逐渐融合。

当人本身的出行成为"移动"，手机所代表的"移动"就不那么重要了。车成为一个大号的手机或者平板电脑，成为更大号的"器官"，更大程度地支撑人的延伸与新的生活意义。所以我们说，万物车联的实质是人联万物。

○ 客厅革命：时间决定的场景价值

2020年初开始的新冠疫情，使全社会对熟悉的商业形态和生活方式开始了系统审视，居家隔离期间，空间与时间的深入思考被大多数人提上议事日程。正如马尔克斯所言，"生命并不是你活了多少日子，而是你记住了多少日子"。那些记忆中闪闪发光的时刻，无论与家人一起"动森"，或是一人独处"健身环"，抑或和朋友一起"开黑"，[①] 都是感知存在意义的刹那。这些被特定场景激活的新有效时间，也是今天商业最重要的估值标准和场景价值——注意力与用户时间的分配。

万物互联的持续进化，生活方式的流动迁徙，让我们有必要重新看待"家庭"。家庭将获得更多的时长占据和被赋予更多的意义，突破传统的睡眠、吃饭和家庭聚会的空间设置，承载更多个人时光、精神享受和学习提升的新场景角色。居家办公、"家庭生产力"推动后隔离时代的"家庭总时间"被重新定义和分配。工作、生活双线驱动年轻家庭的亲子服务刚需，以智慧客厅、智能安防及各种智能设备为中心的家庭社交娱乐场景，支持网课、远程会议、沉浸式娱乐体验的新分区，乃至突发危机下的家庭决策参与方式、家庭资产管理的危机应对咨询服务等，太多细节性的"未被定义"，指向围绕家庭场景更底层、更具延展性的系统解决方案。

[①] 动森指任天堂开发的游戏《动物森友会》；健身环指任天堂开发的游戏《健身环大冒险》；开黑是游戏术语，指一群人边交流边打游戏。——编者注

我曾在 2018 年"新物种爆炸"发布会"预测",家庭会员是物联网时代的新消费单元。我的判断源于以物联网为基础的家庭生活体系发生的结构性变化。彼时小米已成为全球家庭联网设备最多的平台,亚马逊成为全球被使用最多的家庭云服务平台,包括腾讯、京东、霍尼韦尔、谷歌、百度在内的领先企业,都开始围绕家庭场景的新入口之争、平台之争、壁垒之争,纷纷展开布局。所有人意识到,Smart Home 作为通用型解决方案,在新的出行时间单元分配中,依然是数字移动的重要基础,有长期不可取代的场景价值。

家庭场景争夺的本质,是家庭注意力的竞争,也是对家庭时间单元的价值分配。如何围绕家庭这样的新场景单元,帮助用户合理规划日常,应对家庭危机,拓展从安全到卫生健康再到资产配置的解决方案?在 5G 和 Wi-Fi 6 之下,客厅作为家庭前台,正面临一轮精细化运作的数据改造。如何有效分配家庭总时间,设计具体的家庭资产图谱?被放大的家庭场景数字化效率,外卖、电商、到家、数字助理、家庭云等各种业态在数字化连接中被开发出全新的具体场景。

华米科技在 2020 年国际消费电子展上展出的实验室探索性产品 Amazfit HomeStudio,既是一套个人专属的数据监测、动作分析、运动指导系统,也是虚拟的运动社区,意在探索未来智能家庭场景的健身房形态。华米科技试图挖掘并回答家庭健身场景的痛点。当知识服务、金融服务、教育服务、娱乐服务、健康服务都需要被分类

Amazfit HomeStudio
At-home Smart Gym

以客厅为家庭前台的场景改造

满足时，各自的比例应当如何分配？居家办公和健身直播在"家庭总时间"的比重异军突起后又是怎样的新常态？围绕"家庭总时间"的分配，思考到家服务，已不仅仅是外卖的配送效率，还包括家庭深度保洁、厨房半成品供应、家居功能新格局、各类私教的小时工化，这些都对传统家政服务、健身、家居、餐饮等行业给出了更多新的思路。能否进入家庭有效时间成为判断业态是否成立的核心依据。e袋洗、下厨房、良品铺子、作业帮、叮咚买菜、米家，谁昙花一现，谁绝处逢生，谁又更上一层楼。

○ "意义时间"塑造新生活方式的"从0到1"

越来越多的人愿意把时间分配给新场景，因为有"意义"，才确定了新的"意义时间"。原创自制精品剧有意义——爱奇艺的《隐秘的角落》和网飞的《毒枭》定义追剧时间；烘焙、烹饪有意义——鲜花和吐司定义下午茶时间；声音陪伴有意义——猫王收音机定义一个人的音乐会时间；首店、策展有意义——资生堂体验型集合店Beauty Square和路易威登"飞行、航行、旅行"展览定义打卡时间……

所以，远不止家庭场景的开发与改造，对有效时间的占据能力是数字商业的根本性命题。新有效时间来自数字生活方式变化的新需求，而能否进入用户真实感受，取决于场景的可持续性和内容的生产能力。有效时间是核心决策的依据和体验设计的逻辑。有效时间有两

路易威登"飞行、航行、旅行"展

层含义，其一是有效时间单元的界定和重新分配，其二是新意义时间激活的品类性机会。更多的云化时间，绝非 1.0 版的云综艺、云秀场、云健身，而是线下场景以云化的形态数字孪生，以更高质量和更流畅的体验重新交互。如互联网科学教育品牌科学队长对科普场景的持续开发，以及 Timing 学习社区、钉钉、腾讯会议、腾讯课堂，都在成为全新个体学习与沟通形态的新意义时间。

新意义时间来自场景开发的赋能。万物车联创造出行的新意义时间，数字化睡眠让原本的"沉睡"成为新意义时间，各种数字助理让生活细节在虚拟与现实的融合中生长出新意义时间，二次元与虚拟 IP 让"肥宅"成为新意义时间……围绕"数据联系与情感关系"的运维能力，指向更底层、更延伸的商业模式创新，需要在场景设计的完整体验中被"固化"，在新的用户关系中被"满足"，在新的情感联结和价值陪伴中被"确认"，否则，我们就很难理解"吃播"，更难相信为了打赏洛天依[①]一掷千金。

通过智能语音助手，多任务并行正在成为可能。尽管大脑还是线性

---

① 中国内地虚拟歌手，是一个情感丰富、有点冒失的 15 岁少女。——编者注

任务模式，但智能语音却可根据用户习惯设定主动服务、屏幕交互和自动驾驶应用，为用户节省了重复性操作时间。体验细节的每一步优化，都涉及场景的深入与细分，相应带来时间单元的半径缩短。比如，语音交互从被动应答进入主动的自然连续对话，手机与车载音视频内容的无缝衔接，更精准的 LBS 定位和智能推荐服务。家庭有效时间也并不仅在家庭，还包括亲子陪伴、养老、智慧社区，乃至衣食住行、游购娱养的场景订阅系统。

以养老为例，除了近年来各大地产商、保险公司进军的养老社区外，值得关注的领域，一是医养结合、智慧养老等服务模式创新，二是康复辅助、适老化改造等老年用品的场景开发。更重要的场景细分趋势是美容公司的机会：老龄化人口美容化妆品市场。亲子陪伴领域也有类似的社区创新机会，比如，儿童友好社区长房君悦公馆以社区绘本中心作为切入口，让阅读与陪伴的友好表现为绘本时代的共读产品。

数字时代的流动性，让碎片化、粉尘化的场景可以成为兼具意义和情感满足的时间洼地。电商从单纯的下单进化到自带娱乐属性和游戏属性的直播带货。"新到家"业务发展迅速，从数字化场景的健身、早教，到奢侈品商务配送的私域零售，以及供应链重建的高级餐厅，如米其林餐厅淮扬府把传统外卖升级为"外宴"，还原了堂食场景的仪式感……"意义"的形成让更多颗粒度场景和理念具备了新生活方式价值，譬如搏击与私教、煲机与机车、手作与手账、环保与永续，而长期伏案、面对电脑与手机的颈椎场景，催生出了SKG颈椎按摩器。

现实生活的进度条重置后，创新场景在更加系统的数字化层面放大了个体对价值寄托和意义归属的找寻。数字生活方式从0到1，正在新意义时间中不断酝酿，让我们有更好的心理免疫力对抗时代的每一粒灰尘。

"免疫力经济"的 6 个创新场景

1 将精神心理医疗的产品与服务，嵌入更多日常消费场景

2 以成分透明、单品可选、数据可视的机制，形成健康餐饮的大众化定制方案

3 基于智能设备的个体情绪捕捉，形成心理健康的常态化监测

与日常消费场景相融合，心理健康相关服务逐渐成为社会情绪的必要疏导手段，以专业科普内容、在线诊断、在线咨询、专业理疗产品等形态，接入社交网络、在线教育、健身中心等不同场景，如同牙科、微整成为购物中心与社区的标配，心理健康服务也进入用户日常，更易得，也更平常。

人造肉、无糖饮料、代餐、轻食正成为越来越多人的选择，但往往单一品类的选择让健康这件事顾此失彼。随着健康餐、健康水的不断细分和成熟化，以单品的多样化可选择、可组合，餐饮企业正针对不同健康需求的群体推出个性化定制的健康餐饮方案。

从智能手环监测个体健康到监测个体情绪，是智能产品应用场景的探索方向。AI 识别、图像捕捉、表情分析等手段实现个体情绪判断，并做出即时场景下的潜在需求判断，进而完成解决方案生成。这些手段应用于社交场景、出行场景、就餐场景等，通过监测个体心情变化调整服务方案，以实现用户体验和场景心理需求的精准匹配。

4 以营造"心情愉悦"体验为场景设计理念，重新界定具体产品功能

营造用户心情愉悦的场景氛围成为产品设计要素，刚需场景包括智能设备、社区建设、汽车出行等。比如，汽车空间更适宜儿童的安全座椅、更具情绪感知的智能灯光、温度智能控制乃至屏幕交互氛围，每个体验细节都是新场景的构成要素。

5 组织情绪的重要性提升，企业级心理健康服务亟待开发

不同于 Now 冥想的线上冥想训练和 Lyra Health（在线心理治疗公司）的企业员工心理治疗这些点状且需员工主动发起的心理健康服务，企业级心理健康服务需要的是更加预案式和体系化的，建立科学量化的员工心理健康监测和预警体系，持续地组织"心理体检"。系统的心理健康解决方案，是从组织情绪的管理入手，提升组织效率和组织健康度。

6 建立心理健康友好的产品标准体系，明确智能化产品的伦理边界

随着数字化融合的深入，越来越多问题被放到公众视野，脸书面临的数据安全指控，机器人、克隆技术引起的个体焦虑都已成为科技道德问题。当技术伦理质疑越来越成为讨论议题，对于智能化产品与服务，从人出发，建立普适性的心理健康友好标准测评体系便成了当务之急。这一体系更要被纳入相关质量体系，成为产品审核标准，以决定未来智能化产品在多大程度上被公众接受和使用。

场景纪元

ERA OF CONTEXT

第三章

从万物车联到场景互联：新商业进化以场景为中心

"数字化的人"与"数字生活方式","数字商业"与"场景互联",我试图用这些耳熟能详的语汇,描绘万物车联表征的场景开发背后,这个时代个体、商业与时间的本质关联。

从"场景革命"到"场景纪元",以人为中心的连接进化为更加分布式的形态,特征为边缘、速度和离散,场景不断以局部创新、边缘突破的姿态在各个领域涌现。当其以最大公约数姿态开始显性化,并指向场景互联的全新纪元,也就意味着新的认知、方法与应用,开始成为新商业模式的主流。

场景互联的认知立足数字商业的系统数字化,而人的数字化在其中扮演着关键角色。在人与商业的重构和进化中,除非

"人"或者"人与世界"关系的本质发生改变，否则新场景的层出不穷很难被认为是开阔的赛道，而只能停留在数字时代的泡沫。

新有效时间激发的数字生活方式成为这个时代的商业底色，更是场景互联得以扎根和应用的土壤，并匹配数字化的人的数字审美、离散需求和意义寄托。

场景互联不仅是新规则、新的模式主流，更是理解这个时代许多现象的新思维。承认人被数字化，并理解背后的逻辑，是我们寻求内心安宁和与数字化加速和解的方便法门。

商业进化的场景越界

○ 亚马逊：从"一键到家"到"一键到车"

亚马逊执着于万物车联的探索其实由来已久，几乎所有的业务，无论 AWS 还是 Alexa，亚马逊始终专注于零售"人、货、场"的演进。

作为全球最大的网络零售商以及云服务、物流提供商，亚马逊最早以"网上书店"的身份出现在大众视野。1998 年，亚马逊开始尝试"个性化推荐"的探索发展路径，研发 Item CF 算法，向不同用户推荐不同的产品、内容、服务。这成为亚马逊网上书店成功的基础，也成为 Prime 会员服务的算法基础。

1999 年，销售书籍获得成功后，亚马逊进一步扩增 SKU，开始在线销售服装、儿童玩具、家用电器等更多品类；2001 年，大规模推广第三方开放平台 Marketplace，开始定位"最大的网络零售商"，也开始确立"最以客户为中心的公司"的目标。

实体品类相当丰富后，亚马逊逐步推出可听频道、电子书、儿童订阅等线上服务。2014 年，亚马逊开始推出流媒体服务，内容涵盖音乐、电影、游戏直播等。2015—2018 年，已占据美国电商半壁江山的亚马逊零售业务开始拓展线下门店，相继推出线下书店 Amazon Books 和无人零售店 Amazon Go，收购全食超市，布设 Amazon VR 线下新零售服务设施。

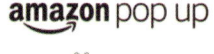

亚马逊的业态拓展

Amazon Books 的功能分区和装饰与一般书店无异，但与线上的逻辑联系细节满满。书店陈列售卖的绝大部分书籍，网站评价都在 4 星以上。"96% 的读者给这本书打了 5 星""亚马逊网站 2019 年度最令人激动的 100 本图书之一"……这些标签成为推荐书架定期更新的指标。

线上常见的推荐逻辑，也被运用到 Amazon Books 中。比如在"If You Like"货架，一本畅销书的右侧会摆放 3 本与其类型、标签接近的书籍。线下书店的书本价格也和线上价格保持完全一致。这些看似新颖讨巧的设计，实质是亚马逊书店对线上与线下场景，对数据和消费习惯的高度融合。

2017 年，亚马逊收购全食超市，并为旗下 Prime 会员推出了最快两小时送达、满 35 美元免运费的超市配送服务。会员通过亚马逊网站或 App 即可选择相应生鲜商品完成购买。需要指出，在将线上服务相互串联，并与线下服务打通，构建场景互联新生活方式的过程中，Prime 会员服务扮演了不可或缺的重要角色。

Prime 会员体系中，流媒体和线上订阅权益将忠实用户从购物场景引入阅读、听歌、电影、直播等娱乐场景。而线下服务不可取代的吸引力，则进一步推动用户去体验与线上业务高度融合的线下场景。在纽约第五大道边上的 Amazon Books，将近一半空间分配给精品咖啡品牌 Stumptown Coffee Roasters，"书店＋咖啡厅"的场景让会员的在地体验更具价值。

亚马逊还尝试利用实体按钮的"一键下单"设计来简化交互链条。2015 年 3 月，亚马逊推出可一键购物的"Dash"按钮，曾一度被当作愚人节玩笑预热。而在日常高频刚需的消费场景中，场景激活的购买顺理成章，只要预先设置好购物信息，便可在短缺商品旁点击按钮完成下单。线上世界的交易，以朴素而简洁的姿态融入物理世界。

再比如，内置于汽车的亚马逊 Alexa Auto，在统一账号体系下与亚马逊电商服务相互打通。用户通过发送语音命令，随时可实现搜索商品、下单支付、订单状态查询等服务，可以说是典型的"一键到车"新零售。除了传统意义电商，亚马逊 2017 年还上线汽配零售业务，Alexa Auto 官网有选项丰富的汽车零售配件，如 Nextbase 无线仪表盘摄像机、汽车充电适配器等。对于汽车，亚马逊思考得比我们想象的更为深入。

虚拟与现实的融合，通过更为高效直接的方式——语音交互来实现，显得更有拓展性。从"一键到家"到"一键到车"，更加智慧的场景对场景互联的解决方案提出更高要求，丰富的生态势能也得到更大释放，促进场景边界的消解。

○ Grab：出行与本地服务越界

万物车联背景下，场景争夺无处不在，比如移动出行与本地服务的越界之争就风生水起。

堪称东南亚超级 App 的 Grab，有人将其理解成区域版的优步，也有人认为它是崛起的滴滴出行，更有人把它视为东南亚的美团点评。但它似乎正在完成滴滴和美团都想做而不能做的事——进入对方的独占场景，占据、打通更多场景。现今，Grab 旗下业务包含出行、餐饮、酒店、票务、电影、金融、送货等，与没有边界的美团相比，Grab 在场景开发上有着同样的企图心。

Grab 最早生根发芽于马来西亚。2011 年，马来西亚全面覆盖 4G，而当地女性的出行安全一直是悬而未决的难题，为此 Grab 在起步时就有针对性地设计隐私保护、路线监控、实时报警等功能，一举打开市场。

2013 年，Grab 从马来西亚扩张至菲律宾、新加坡和泰国。物理空间的"场"发生位移，本地生活方式也相应变化。东南亚是典型的以地域文化为主导、贫富构成差异较大的分层网络，单纯计程车服务很难完全满足需求，于是为高端出行打造的 GrabCar 应运而生；而由于地理和文化的缘故，新开拓的市场旅游业发达，华人游客具有强烈的出行痛点，Grab 也相应逐步优化，一键定价、中文司机、实时翻译等功能相继推出。

当 Grab 进军越南胡志明市时，新的出行场景被洞察——当地交通基础设施并不发达，高峰时期汽车将马路堵得水泄不通，低成本、高效率的出行，成为当地人的主要诉求。主打更多小型交通工具的 GrabBike 随之诞生。GrabBike 的推出，使平台新增摩托车、摩的、三轮车等交通工具。便捷、成本低廉的特性，不仅适合载人，也适合运载小型物件。衍生出来的场景可灵活切换，甚至交叉混合——2015 年，Grab 顺势推出了物流服务平台 GrabExpress。

Grab 在东南亚市场不断破局的意义，不仅在于扩充自身的场景版图，更重要的是完成对当地用户的数字化，不断支撑新的场景开发，设计新的功能和应用。为提升人、货、场效率，货币的数字化势在必行。Grab 推出移动支付 GrabPay 后，打通餐饮外卖场景所必需的高效协作环境搭建完成。2016 年，饮食服务平台 GrabFood 在新加坡推出，酒店、票务、电影等场景都被相继打通。

Grab 内部有一个"秘密武器"——Immersion Project（Grab 推出的产品测试项目）。这个项目开放给内部所有人。根据目标产品的不同，开发人员可以坐在 Grab 网约车司机的副驾驶位置，协助接单和接送乘客；或者坐在 Grab 外卖小哥的摩托车后座，协助外卖。其意

GrabFood

图在于让参与者打破边界，浸入具体场景，亲身介入用户的日常工作和生活场景，以"在场"的洞察和体验提升同理心，更加直接、深刻地理解每一个具体的场景请求。基于这种场景开发的逻辑，美团与滴滴出行的携手，必须而且应该。

探讨新的商业进化为何以场景为中心，可以从勃勃向上、丰满而富有温度的数字生活方式说起。

数字生活方式：「数字化的人」突围

○ Lab 文化背后的数字生活新参数

曾几何时，实验室（Lab）还是专业术语，特指科技研发、学术攻关的"薛定谔之地"。但似乎一夜间，品牌没有实验室已经不能算是完整的生活方式品牌。喜茶的黑金实验室、vivo Lab、好利来的 Holiland Lab、露露柠檬的 Lululemon Lab、爱步的 ECCO Lab、耐克的 Nike Lab，甚至每款球鞋都需要一家 Lab 店铺，代表高端颜值和不可不逛。这些往往以概念店形态出现的 Lab 产品线，因为稀缺和限定而备受消费者好评。无印良品在银座的酒店是 Lab，星巴克的全球烘焙工坊是 Lab，宜家在波兰的 IKEA Home of Tomorrow（明日之家）是 Lab，雷克萨斯在日本表参道的 INTERSECT 料理是 Lab，服装品牌之禾在上海的之禾空间是 Lab，美妆品牌 SHIRO 在东京自由之丘的同名咖啡厅是 Lab。我们似乎已经习惯，生活方式作为商业进化的结果，不仅代表着某个品牌或品类，更创造了一整套契合时代标签的审美、产品、体验与价值的复合内容体系。

生活方式成为最大的场景入口，固然因为场景数字化的运维支撑，更重要的是因为数字时代生活意义的评价体系与以往截然不同。

热爱——万事起源于热爱。不仅兴趣是最好的导师，也因为 SHOCK 社区、得物 App 这样的平台放大了分享的价值。"尖货分子"的影响力，关于美好之物、愉悦之物的移情与共情，在数字时代表现得尤为突出。

交互性——艺术装置要求可交互，空间屏幕要求可交互，社区商业要求可交互，甚至内容层面，从游戏扩展到自制剧都要求开放的参与和交互机制，更不用说小程序与群支撑的留言、弹幕和反向定制。C2M 本质就是交互式品牌，是供应链与用户、社群对话的知识共享。智能驾驶舱是智慧交互，是主动交互与被动交互的体验平衡。

续集时代——生而自由，"续集"却无往而不在。小米 10、《使女的故事 3》、高通骁龙 865 处理器、《青春有你 2》，我们以更新的姿态等待发布会，等待又一代新品首发，以算法推荐畅想生活周期：那是 iPhone 12 刚刚上市的时候，我买的蔚来 ES10 也装上了 TAI3.0。

分辨率——2k、4k、8k，掉帧、流畅，更快的刷新机制，就是少而多的 Lab 文化盛行之所在。从联名企划的普遍性到游戏手机、拍照手机的场景细分，生活要求通过分辨率定义刷新度。

小量订单——个性化定制、柔性供应链、文化自信、成熟的制造业解决方案经验，共同塑造了直播时代的智能生产机制。

平等普惠——正如快手的价值是普惠的价值，每个幸福都被看见，首先在于每个幸福都被记录。

生活方式品牌的 Lab 时代

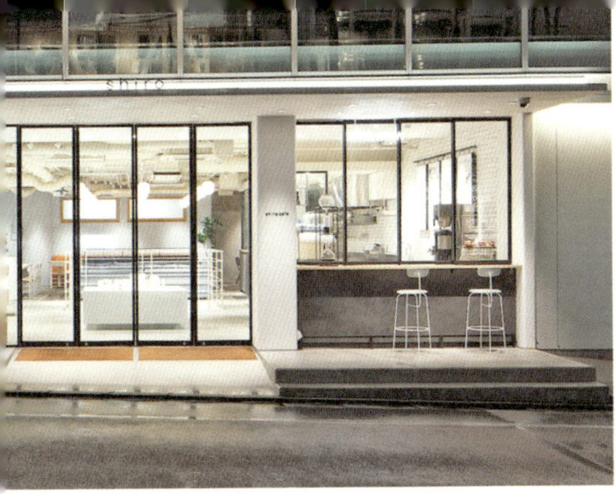

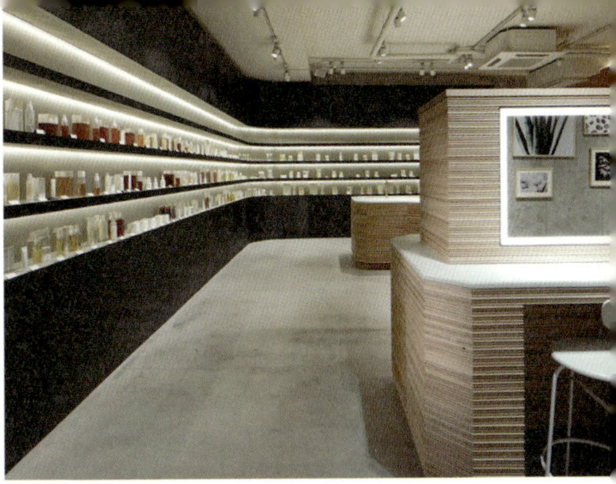

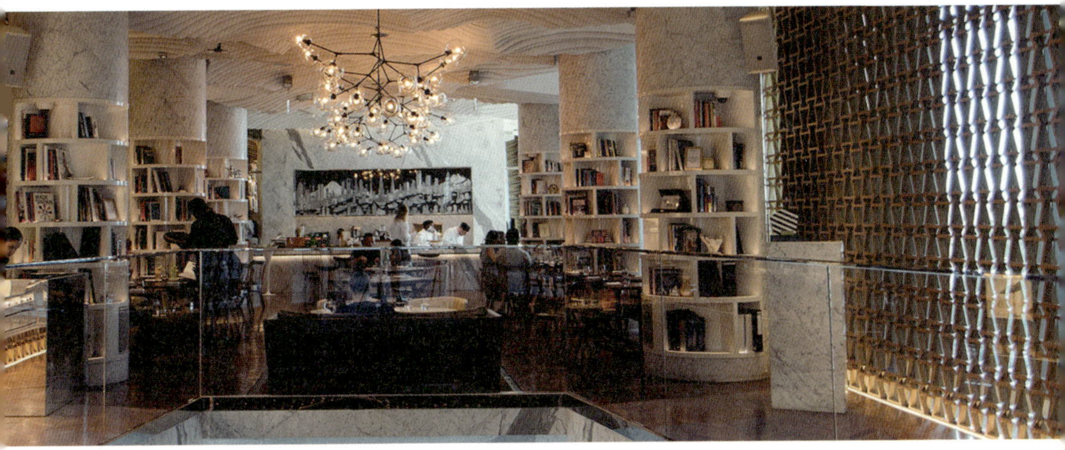

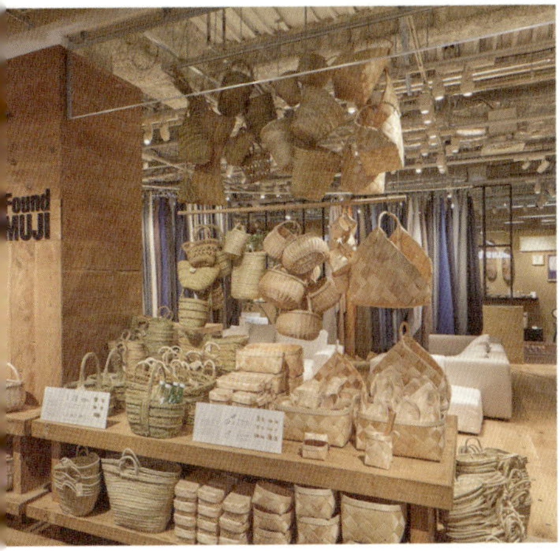
Found
MUJI

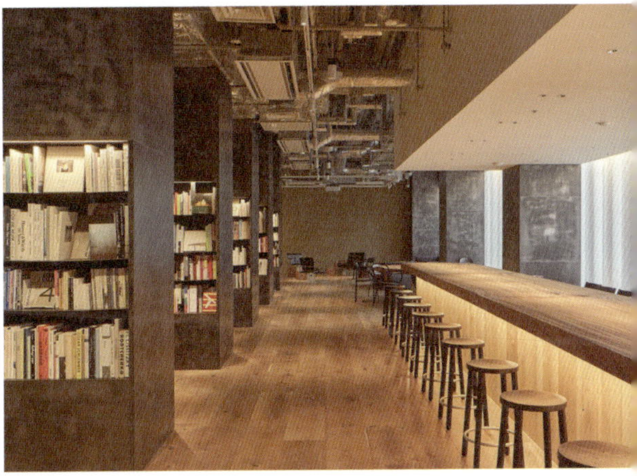

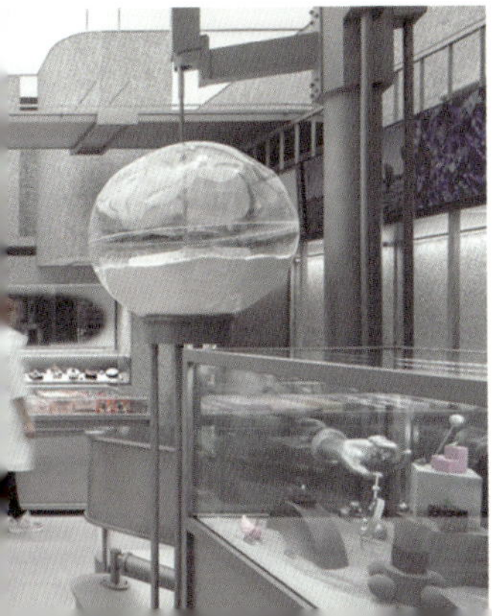

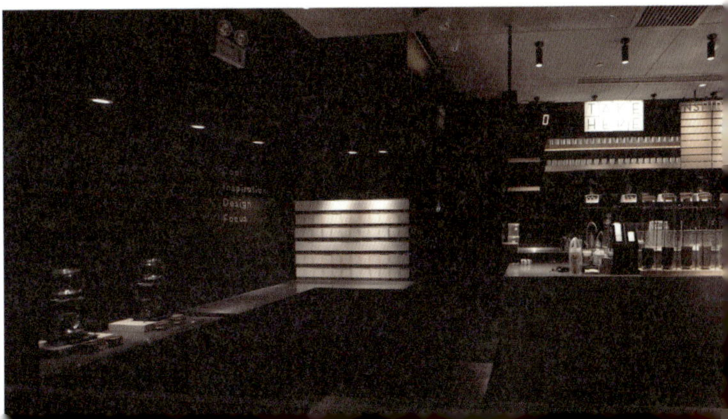

新鲜店铺——必须是独特 IP，才有克服物理距离和传统消费半径的能力。耗资 80 亿元人民币、历经 10 年打造的东京日比谷中城，在业态方面云集"新鲜面孔店铺"，不仅有 6 家首次进军日本市场的门店，还有 22 家门店采用全新经营模式。商场进驻约 60 家店，希望传递给消费者一股"The Premium Time, HIBIYA"（提供日比谷最优质的体验）的时尚小奢华。较受瞩目的店家，不仅包括东京都内最大的 TOHO 电影院，标榜结合餐饮与音乐的崭新空间"Billboard cafe & dining"，汇聚 8 家不同种类人气美食街的"HIBIYA FOOD HALL"（日比谷美食广场）和杂货店"TODAYS'S SPECIAL"等商铺，甚至还有来自京都南禅寺，曾荣获米其林三

东京日比谷中城（HIBIYA CENTRAL MARKET）

星、成立已450年的瓢亭的东京首次亮相。而位于3楼由"有邻堂"书店经营，聚合了眼镜行、美发、餐厅、酒行、咖啡厅、图书、服饰、生活杂货等9种业态的日比谷中央市场街，更因为平易近人的氛围脱颖而出。

生活方式引领的创新，与消费精神、技术创新同频。在物资匮乏时期，生活方式是一台电视机、一块手表带来的氛围；在生产力繁荣年代则可能是一间咖啡馆、一个杂货店，是更丰富的体验与更沉浸式的认知。PC互联网带来生活方式的巨大变革，电子邮件、门户网站、电商、游戏以及IT数码，都成为具有鲜明时代印记的商业要素，让一代人争相涌入。而离我们更近的移动互联时代，则可以视作将互联网的数字化生活方式接入线下，让一切商业模式重构，不断爆发新物种的过程。长达10年的渗透，不仅iPhone是生活方式，微信是生活方式，网约车、移动支付、外卖、直播……更多生活方式从边缘创新逐步生长为主流化、生态化的显性认知。

所以，要用生活方式的视角定义商业进化——或者"人"的本质改变，或者"人与商业"关系的本质改变，前者表现为"人机共存"，后者表现为"万物互联"——以此理解数字生活方式的本质。数字化原住民的进场给商业带来全新规则。数字化原住民并非代际上的00后，而是善用社交网络、智能设备等新基础设施的异化和进化的数字化的人，他们对数字化生活方式与生活意义有全新的认知和判断。

数字化的人可总结为三大特征：天生边缘、自组织和开放协作。更深刻的动因在于，数字化提速带来线上线下数据传感的无处不在，人的特质被量化和立体化，与算法的匹配更加精准。从"千人一面"到"一人千面"，是生活方式被数字化格式重组，在解决痛点、满足需求的效率递进中，成就新的用户感知。

技术应用场景不断深入，细化出生活新的参数：热爱、交互性、续集时代、分辨率、小量订单、平等普惠、新鲜店铺……所有生活方式商业被数字化重塑：体验细节更加优化，信任代理更加高效，信用关系更加"无感知"。

这是个体生活的又一次颠覆，新的时空观念与价值感知可总结为三个关键认知：数字审美——审美的当代性，需求离散——场景的灵活性，意义寄托——认知的个体性。

数字生活方式的每一次镜像，都会带来更加深刻的流动性。用"小灵通时代"一词来描述当下的数字生活方式，是不得已而为之。在商业发展的拐点，怎么看待和表达一个旧秩序已破坏、新秩序尚未形成的镜像？

```
数字审美  ——  需求离散  ——  意义寄托
围绕数字化的人构建新交互体验    对"边缘"生活方式的敏捷响应    符号背后的信任与温度
```

数字生活方式的 3 个关键认知

○ 数字审美：围绕"数字化的人"构建新交互体验

脸书设置了 56 个非传统性别，到底是硅谷科技公司的自以为是，还是数字生活方式的基础伦理？二元论的确定性崩塌，人的数字化带来身份的流动性，与社交、消费、技术不断融合。数字生活方式的法则，首先被"数字审美"定义。

"泰晤士河等待照亮，唯有算法可以寻觅莫奈的伦敦。"这是负责伦敦"照亮河流"项目的美国新媒体艺术家里奥·维拉瑞尔（Leo Villareal）发出的感慨。在习惯数字化的社交与内容前，我们的感受与情绪往往来自具象和直观的事物，表达与反馈相对静态。正如爱彼迎（Airbnb）为什么是一家"摄影公司"，这家一度步履维艰甚至濒临倒闭的短租平台，直到添加拍照、修图、分享等一系列新功能后才峰回路转。数字化带来前所未有的流动性体验，通过迅速、即时的多元交互生成新的情绪锚点，新的审美需求也随时动态更新。

伦敦泰晤士河"照亮河流"项目

用这样的认知逻辑观察弹幕和带货的情绪与交互，思考策展式商业和数字艺术设计为打卡拍照所做的特别设计，就能理解当数字审美成为新的共识，如何与数字生活方式的迭代共振。正因如此，原本抽象化的个体细微情绪与感受，在诸多新场景被精确捕捉和映射。全民直播带货的背后，不是主播活成了算法，而是每个人都要成为算法。

以"屏幕主义"为代表的数字交互体验，是数字生活的参数，也是这个时代最大的审美公约数。智能手机决定内容与设计的竖屏化，传导至智能电视的竖屏化与社交化。短视频与剧集的竖屏化和互动化，成为更加惯性的基础形态。从语音交互、外卖体系到人脸识别，对"更加智能"的更多依赖与信任，是数据安全判断，也是审美直

东京涩谷 SHIBUYA SKY

觉使然。

2019年底开业的全新的购物娱乐中心SHIBUYA SCRAMBLE SQUARE，在东京涩谷人潮汹涌的十字路口上空299米，创造了"向内审视"的平行世界。近乎完美的屏幕装置，整体动线无缝沉浸的感官体验，唤醒空间商业和线下社交的另一面价值，创造融入日常的全新意义。契合数字审美的空间体验设计，构建了审视个体与外在联系的"极致性"审美。无可否认，这样的极致性正是数字化带来的感知与体验递进。

数字审美重新定义的个体符号，也更能代表算法时代的真实，形成自我认知的全新形态。不同"发表平台"的网红与达人，以"符号"

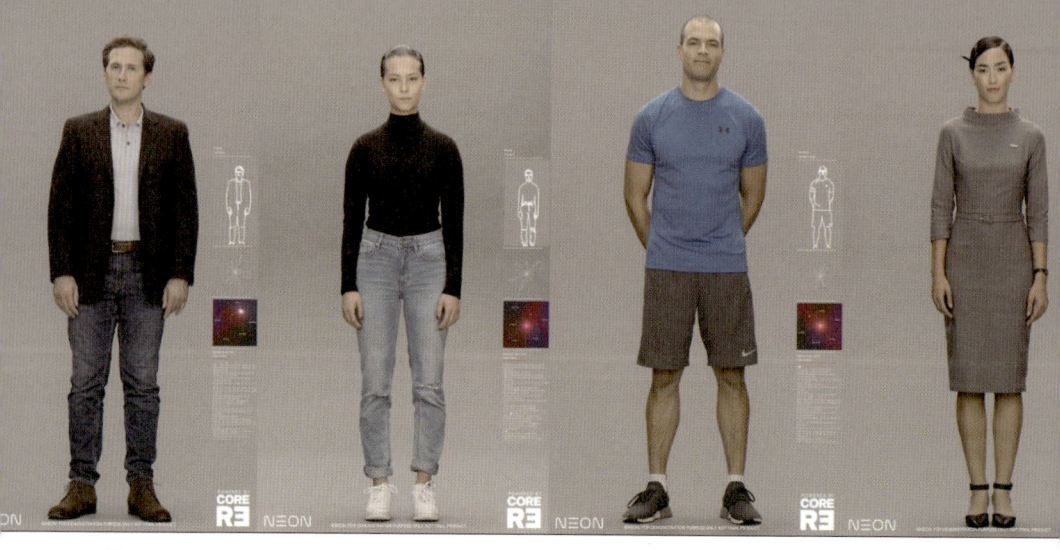

虚拟人项目 NEON

与"ID",指向这个时代的身份确认——数字审美逻辑逐渐成为个体与平台的关系算法。

自拍与社交网络分享,在流动性中直观定义与表达自我,正在定义新生活方式。所以大疆 Osmo(灵眸运动相机)和御 Mavic(航拍无人机)才成为"创作"新标配。奢侈品牌 logo 越换越大,手包越来越小。而商业空间没有 IP 策展、没有直播与网红,就缺乏数字生活方式的交互接口。

数字审美还意味着对不确定性的拥抱,对人设和人性的全新认知。三星旗下公司在 2020 年国际消费电子展发布的虚拟人项目 Neon,就是通过计算与感知产生的"虚拟但独立的生物"。不同于 Siri(苹果智能语音助手)、小冰(微软 AI 助手),每个 Neon 都有独立的个性与记忆,有自己的特长和"职业方向",甚至也会疲倦于 24 小时工作。Neon 创始人说,这个项目"想满足的是人类的共情"。

对品牌与人设的判断标准,越来越凭借个体的审美与感受,不再有真实和虚拟的边界,而在于更加人格化的叙事体系与交互方式。所以不仅是小羊（盘尼西林乐队鼓手）、ZEPETO（一款表情包制作软件）、虚拟企鹅 Pengsoo 也可以成为"韩国年度娱乐人物"。看得见的数字生活，定义看不见的新审美崛起。

○ **需求离散：对"边缘"生活方式的敏捷响应**

数字生活方式的明显特征是需求离散。大量真实、具体的需求随机离散，呈现出无法系统感知与侦测的混沌形态。

人的数字化带来显性的生活方式认知——数字单身。这并非所谓的"孤独经济"，而是数字化赋能下"一人千面"的超级个体形态。超级个体形态天生"边缘"、永远"漂移"，在不同的圈子和平台，有不一样的画像和需求，但它有消费认知的专业，注重互动的质量，强调体验的效率，既在意生活方式的便利性，又深谙"一切皆可流转，万物皆可鱼塘①"的道理。于是坚固的东西烟消云散，粗大笨重的"标准款"在被个体化解构，数字单身成为主流生活场景。

所以生活方式品牌，如无印良品和星巴克，也要不断开发更加细分的场景。无印良品不断推出细分业态 MUJI Books、MUJI Hotel、MUJI Diner、MUJI Hut、MUJI to GO、MUJIcom……2020 年 6 月，

---

① 鱼塘是二手闲置品牌闲鱼 App 的模式关键词——鱼塘主义，即一切可循环、可流转。——编者注

更以店中店的形式与罗森达成合作，顺应疫情后更多人选择在临近便利店购买大量日常必需品的诉求。星巴克从"第三空间"持续深化，一面推出"啡快"这样的新零售，一面加速实体业态的创新，如烘焙工坊、高端烘焙 Princi 等。即使共享出行这一近乎固化的场景，也有以"场景定制"破局的首汽约车，从上学放学、景区包车到特殊人群用车、高端会议用车，都给出更加细分的出行场景提案。

各种品牌的 Mini 店、Go 店背后，从小业态到更小业态，密度网络的数据捕捉小需求，也意味着更多场景会被重新定义，越来越多细微的日常痛点被数字化解决、被智能化响应。需求的离散也进一步催生越来越多专业化、分布式的新消费入口，TapTap、Keep、知乎小蓝星、红布林（Plum）、闲鱼……都可以凭借独有的价值与大平台共存。因为认知差异化被准确响应，"带货"在更具说服力和知识壁垒的场景中更有效率。

当限量"隐藏款盲盒"溢价几十倍，一双几千元的潮鞋在二手社区能以几万元卖掉，"玩物丧志"就变成了"玩物立志"。找到自己的知识，定义自己的专业，在每个最小的兴趣里找寻人生，这就是我们说的数字生活新参数——热爱。

需求离散得以成为常态，在于许多特定的边缘生活方式，立足各种数字化互联网基础设施的完备性，有机会随时主流化。所谓"下沉"

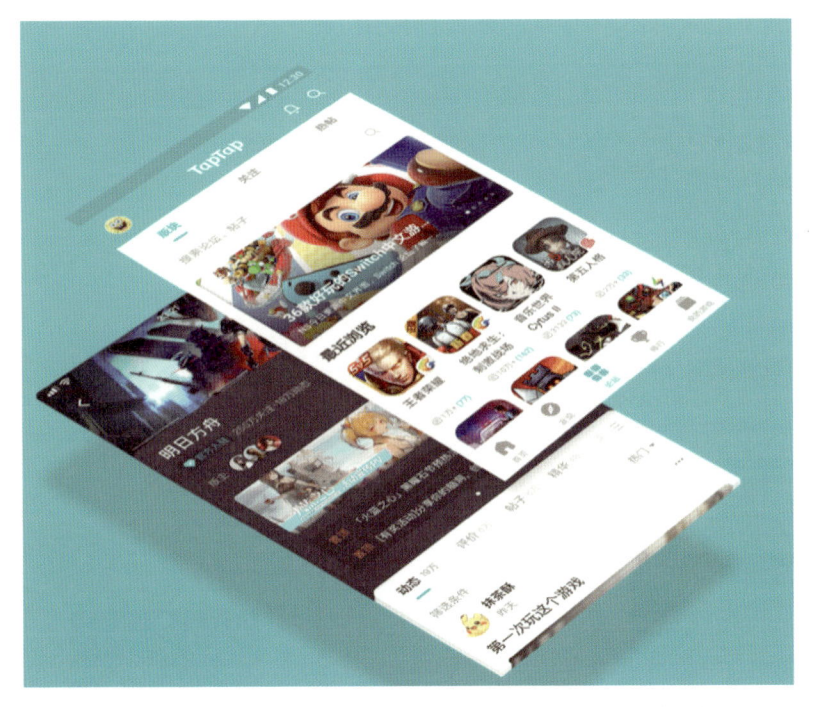

手游分享社区 TapTap

与"非主流",皆源于需求的分散性,而边缘正是这个时代的"社交货币"。

快手"看见每一种生活"的人设,早已进入"低门槛视频创作"的生活方式全新认知,而它于2019年开始发力教育,从"三农"、摄影、K12、职业教育,到头部教育机构的快速入场,成为教育行业集体探讨的不能错过的红利。这背后的故事不仅关乎新的流量和更加分布式的直播电商体验的成熟,更在于"社交学习""社会大学"的自组织属性。

○ 意义寄托：符号背后的信任与温度

新的个体审美体验和需求匹配效率，并不能彻底体现数字生活方式的观念普惠。信息流通的藩篱被打破，数据孤岛被识别、被连接，数字化提速让诸多不确定性有机会塑造新的意义与温度。

意义寄托，是身处数字化进程中的一代人创造当下的独有的"自我安慰"。直播带货为什么能在主流平台电商的成熟期闯出一条电商新路？绝不仅仅是"下沉流量"与"拼购玩法"，而在于准确击中数字生活方式背后的关键词——冰冷交易数据背后的情感联结。

各种短视频直播和内容分享社区的用户增长与平台商业化相辅相成。带货等变现举措，并非平台既有势能的透支，反倒是用户最需要的关系建设本身，是"人格信任状"的传递。所以，每个品牌、每个人都要掌握直播表达与视频语言，不断习得新平台的沟通方式。因为流量可以采买，而"人格信任状"却需要被深入、精准地运营。

意义寄托的不再是超级明星，而是影响小范围人群的"纳米网红"，以情感联结渗入新带货规则的毛细血管。就像小红书的时尚博主和你讨论美妆话题，是朋友、闺蜜的人设和"会话机制"的日常，有温度，很真实，而你心甘情愿"拔草"。视频号也有类似的企图心：种草小红书，分享视频号。

视频社交、灵魂社交、剧本杀、5G 短信……新一代社交产品屡败屡战的背后，是场景社交产品的蓄势待发。每个人都有自我表达与社交的意愿，能分微信一杯羹的新一代社交产品，不是多闪或者画音等直观的玩家，但一定是某群人的兴趣"暗号"。在消费、社交、娱乐、内容中找寻意义，此心安处是吾乡。各种热梗、弹幕、评论、神曲刷屏的背后，只有"暗号"才真正代表一个人的圈层归属与意义寄托。

2017 年，场景实验室评选泡泡玛特（POP MART）为"零售新物种"前，我们就注意到这个场景的不可限量。"盲盒"成为游戏化机制的代表，恰是每个人对于未知的惊喜态度。这个态度正在快速把泡泡玛特推向更大的市场。

另一个 2019 年的现象级 IP，从《魔道祖师》的小说、广播剧到《陈情令》，再到《陈情令》周边、手游和演唱会，《陈情令》IP 的可持续在于用户的持续共建。《陈情令》国风音乐演唱会出现了 200 万人抢票 5 秒售罄的盛况，除了现场的一万人，还有 5 万人在场外。不进入意义认同的话语体系，就无法进入全新的商业价值体系。唯此方能理解，为何几乎所有互联网巨头都要重新审视如何接入新的游戏规则，如何构建更有温度的人设和叙事。

为什么海洋塑料成为一个美学问题？人造肉从餐桌革命到食品公司

争相表态的企业社会责任承诺背后,代表着何种集体情绪?怎样痛过也要精彩——为什么疫情期间"变美"反而成为更重要的消费?轻食、代餐与碎花、收腰又是如何复活"打扮"这个熟悉的陌生词汇?

数字生活方式前所未有的改变,让每个人对"可持续"的接受与共识无比突出。技术的奇妙与普惠解决的真实问题带来全新的意义寄托,是慢慢建设新的秩序,构建新的伦理。数字终于不再是生活的对立面,因为技术只有一种伟大的存在,它叫作"日常"。

场景互联：数字商业的主流模式

◦ 人的数字化驱动商业全面场景化

一个不断突围、逐步提速的数字商业"过渡时代"无声落幕。2020年6月的苹果全球开发者大会（WWDC）意味深长，堪称"数字到场景"的绝佳注脚。这届大会有三个重要的更新细节无法忽视。

苹果 CarPlay 将会支持自定义壁纸和新应用类别，如停车应用、电动汽车充电器和快餐外卖应用，还会通过 iOS 14 增加对 NFC（近距离无线通信技术）汽车钥匙的支持。NFC 通行证存储在苹果的 Secure Enclave 中以确保安全，并可与其他 iOS 用户共享，从而使共享用户也可以临时访问你的车辆。万物车联之中，本地服务、社交场景都在涌现。

App Clips 是苹果在 iOS 14 上推出的全新功能，该功能是基于卡片的快速应用程序，类似微信小程序或快应用。Clips 可以在没有安装 App 的情况下在需要时访问应用程序的一小部分，可通过 NFC、Message/Safari 链接呼出，通过小程序激活场景。

AirPods 最大的更新是自动切换音频输入功能，可以根据你正使用的苹果设备智能切换。比如你正在用 iPhone 听音乐，如果用 MacBook 打开视频，耳机便会自动连接电脑；如果这时来电话，AirPods 又会自动切回 iPhone——无缝的场景切换与体验对接。

苹果 iOS14 App Clips

数据连接的智慧和精准，让我们不再只以一部手机定义数字化的一切，复杂、流动、不确定的数字生活方式也开始被信任。从苹果2020年全球开发者大会可以看到重要的拐点信号：手机开始深度融入场景，组合智能车、智能手表等可穿戴设备，有效激活的是系统数字化深入的必然——全面场景化。

系统数字化到全面场景化，意味着商业要素和生活方式"数据化"

和"算法化"的彻底性，从原本的不完整、不匹配、不敏捷，到技术、人、场景开始系统性解构、渗透数字商业的每个动作。相比于商业要素数字化的循序渐进，精密的传感网络和创新模式加速人的数字化，成为系统数字化到全面场景化的破局关键。更加智慧的个体数字化表达，更加完善的行为数字化建模，才让数字商业实现新的消费与供给逻辑的范式转移。

2019年我提出"年轻商业"构建全新的商业思维与方法体系：各种数字基建成为可敏捷调配的资源，不断形成精度可调校、可运维的模型，信任代理更加短链——数字商业有理由向用户走近一步。站在系统数字化的角度，数字商业不仅仅是数字化广度的延展，更重要的是深度的耕耘——不论对于人还是商业，以数据为能源的场景深入，意味着AI、5G只有找到应用场景，价值模型才能自洽，用户、产品、服务的飞轮才可持续。也只有开发出属于自己的场景，我们才能说输出的是何种价值观：是否致力于社会整体能耗的降低，是否释放数字商业的场景善意。

数字商业的"年轻"，是因为场景商业的"年轻"。系统数字化后的商业品类重构，在于能否与数字生活方式场景化共存，能否融入场景时代的话语体系。从PC互联网到移动互联网历时近20年，而移动互联网的开端至今不过10年已是"天上人间"，从"以信息为中心"到"以人为中心"的认知改变才形成共识，我们又开始思考最重要的"全面场景化"。我们可以用三个关键词来描绘场景商业的特征：

算法驱动——分布式与平等运营；

温度联结——敏捷响应最小情绪；

观念普惠——从 IP 到模式的可持续。

○ 有趣的人，有纪律的货，有内容的场

作为数字商业标志的"系统数字化"，首先在于人的数字化成为可能，数字生活方式成为时代共识。而全面场景化的核心则是场景互联。对于许多商业现象的诠释都已不可同日而语：无论是电商平台把线下业态计入"双 11"成交总额，还是线下门店成为前置仓、成为商品陈列室和直播间，越来越多的人开始恍然大悟，原来一切传统的人、货、场等要素都已溶解，场景商业不在于流量、渠道和入口，而是在于更多的场景移动，甚至是更好的场景复制和粘贴。

人、货、场不仅之于零售，之于整个场景商业仍是很好的解释框架。但内涵和外延的范式转移远胜过往："数字化的人"是"有趣味的人"，可以横跨短视频平台一窥直播背后的人设共性；"数字化的货"

是"有纪律的货",决定了算法效率,也隐喻了以供应链制胜的生鲜零售和 DTC 趋势;"数字化的场"是"有内容的场",注解流量的生生不息,也为社交裂变与社群运营提供了切实可行的场景依据。

关于"场景",理解的原点是"重构个体和商业的连接",进而演化为"重构内容和体验的交互";但今天不得不承认,无论需求侧还是供给侧,越来越表现为"融合数据与场景的设计"。

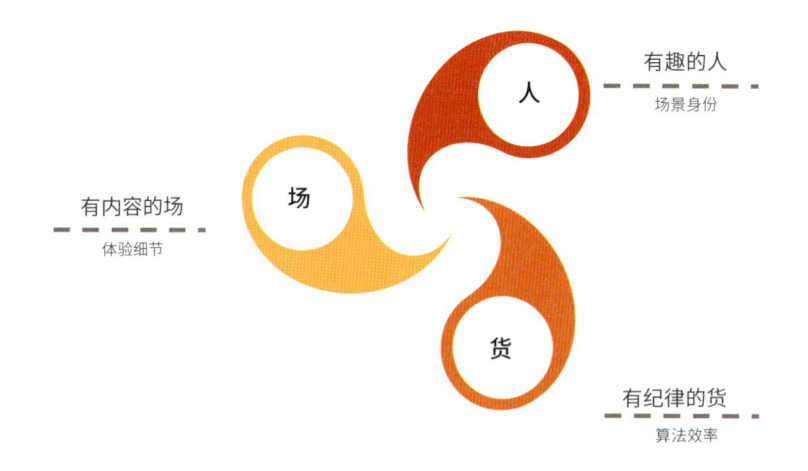

有内容的场
体验细节

人
场
货

有趣的人
场景身份

有纪律的货
算法效率

从数字到场景的"人、货、场"进化

"场景"是有时间的空间,源自人的细微、具体、真实的需求。"人"依旧是最大的场景,而场景互联面向数字商业与数字生活方式,是响应数字审美、需求离散和意义寄托的关键认知。

场景作为体验的智慧感知,成为解决数字问题的系统工具,对数字生活方式形成高效匹配。深刻认知场景互联，在于洞察场景化的人与数字生活方式，直指数字商业的"以不变应万变"。所以知乎可以成为故事阅读阵地，潮鞋电商得物 App 也可以卖车。

腾讯智慧零售提出的"超级连接"以全触点零售融通线上线下，乃至互联网巨头纷纷加码的"小程序"商业的不断深入，正在成为场景互联的重要引擎。小程序通过整合用户使用场景、应用方式和生活流量关系，形成具有场景意义的商业健康表达。阿拉丁小程序指数平台在 2019 年底提出"小程序互联网时代"，是因为看到完全不同于 PC 互联网的流量思维和移动互联网的入口思维。小程序的标志性意义在于，只有场景才能唤醒这个时代的消费诉求，也只有场景解决方案才能激活消费者转化率。具体行动上，零售、电商、广告、游戏……都取决于"小程序+"的能力，也就是小程序与互联网平台的结合能力，取决于新的创意和内容分发等能否与直播、短视频形式重建订阅关系。所以从基础设施到操作系统，从算法到底层能力，小程序正在场景化重构商业思维。所以苹果 App Clips 的重要性不在于致敬微信小程序，而在于我们的确已进入小程序时代。

以全面场景化的系统思维观察，线下门店场景化表现为空间同时承担品牌认知与体验、前置仓起点及特定场景的数据传感器等多种功能，直至完成自提的交易数字化；而饮食成为连接人与人的场景，营造爱与家庭的体验，让食物拥有无限可能。便利蜂就是全面场景化算法的便利店。

场景云化、数字孪生、综合坪效、设计可能,体现了场景互联的新规则,时时场景、处处场景,是全新的审美系统、社会心理基础与商业底层。一切漫无边际的数据汹涌,都因为场景化而获得真实有效的价值。

新商业进化：从数字到场景

不同于美国与以色列配合的"前店后厂"模式，中国的商业创新更多的是"仓配一体、店厂自洽"。没有所谓模式与场景的创新，很多全球创新都是"无本之木、无源之水"。各种商业要素的基础设施化，数字化的人登上舞台，敢于尝试的企业与乐于尝试的消费者，推动场景创新不断革新全球化商业叙事，成就场景互联的造物场。

以场景互联的本质视角，透视场景商业方兴未艾的创新，正是围绕数字生活方式、围绕对数字化的人的精准分布式连接展开，通往新的认知、方法与应用的全新场景纪元。

○ 场景整合：多场景涌现新场景

万物车联所昭示的复杂场景整合能力，是全面场景化的主流认知形态。把车理解为下一代移动终端，场景整合在于切换并聚合手机、可穿戴设备和车，以"超级 ID"和"场景 API"思维，定义商业的"可移动"与"可编辑"。线上线下复合、融通，多场景相互联动，彼此赋能，共生出更多全新场景。

多场景涌现新场景。大量社区、空间的活化和更新，新的技术应用场景，都在成就新商业模式和消费品牌。不仅花西子成为爆款，溪木源也来势汹汹，这是淘宝社区、新消费社群长出的新物种。不出长沙一步的茶颜悦色成为第一财经的"金字招牌"；同样来自长沙的三顿半咖啡轻松跃居速溶精品咖啡榜首，这是咖啡消费升级、"万物方便"需求长出的新场景；自嗨锅、螺蛳粉更以速食消费升级、融合养生朋克潮流而广受追捧。

"策展式商业"成为主流。几乎只在一夜间，作为以商业地产为代表的空间商业创变形态，成就了艺文空间、零售动线、休闲组合、内容 IP 的混合再创作。动线的策展式管理，氛围的沉浸式渲染，主题的持续迭代机制，种种"未来镜像"，是 TX 淮海的年轻力中心，也是深业上城的开放式街区，是 SKP-S 的全场景艺术，也是深圳湾万

三顿半咖啡

象城的流动性展览。围绕"场景整合"思路，空间商业价值可以是跨越、复合与跨界的协作带来的商业模式改变；是付费订阅、会员经济、精选电商、平台导购的多样性，而绝非单一的租金或分佣；是越来越扎实的数字化链路，线下更多 SELECT[①]、Showroom[②]，线上全时全域成交；是从内容与审美出发打造 IP，以独特场景叙事完成目标用户的精准传达与分发。

从空间可编辑到动线可编辑。数字审美推动的打卡、排队、裂变，让零售空间的"可编辑"成为场景开发新思路。商业地产更需要从大处着眼，从用户标签和圈层属性出发，对整体品类分布、动线分区、门店组织，设计可编辑方案——即便不是快闪，也必须具备快闪精神。大量导入 VR 与 AR 解决方案，运用虚拟人、全息投影技术，强化数字体验及游戏化场景设计，灵活企划消费者体验预期的场景设计。

从目的性消费到惊喜感体验。"目的性购物"变成更加随机的惊喜感体验，构成今天对于空间新的认知形态和审美表达方式。我们正进入商业地产的"美术馆时代"，本质上不是销售，而是内容。无论巴

[①] SELECT 指商场、零售门店在近几年流行的精选集合店业态，比如 SKP SELECT、K11 SELECT。——编者注

[②] Showroom 是连接新品牌与买手的桥梁，除展示和销售产品，还提供包括产品推广、供应链管理、售后等服务。——编者注

黎 Les Docks、东京 Kashiyama、阿姆斯特丹 B 建筑，还是柏林哈克庭院，都在隐喻每个渠道的艺术化、每个空间的内容化、每个社区的本地化和每个场景的智慧化。

数字体验设计所指向的流动性、参与式的场景规划与匹配效率，正在主导新商业模式。无论门店、社区还是城市，数字化审美的新内容成为空间的设计、渠道与 IP，也成为生活方式本身。因应场景切

阿姆斯特丹 B 建筑

换的需要，空间设计必须更有特点与灵动性，不断与消费、社交融合，创造新的场景，创造人和商业关系的新意义。尤其实体商业，一旦"武装"好数字化用户思维，开放的灵感足以酝酿更多的新场景。如同疫情带来的"宅度假"趋势，精品酒店会不会得到全新的运营启发：选择一家受欢迎的本地酒店，在全新的空间更加彻底地放松自己，让生活逃离日常的遐想成为现实。

○ 场景协作：围绕"数字基建"的彻底协作

新冠疫情催生的"宅经济""网红经济""云会议""直播带货"等商业热词，进一步彰显立足场景互联的新协作。财税管理、支付、移动办公解决方案的协同支撑了灵活用工；外卖、Wi-Fi、流媒体会员、VR、到家解决方案的协同支撑了宅经济；社交 ID、内容生产编辑工具、MCN（原指多渠道网络服务，现演化为网红孵化机构）、直播变现能力和订单解决方案的协同支撑了网红经济。

"云化场景基础设施"支撑的协作时代，从信息协作、产业协作再到场景协作，精准连接的效率赋能不断演变，在更为强大的社会化协作生态中带来刷新认知的商业新实践。疫情期间"云化"的各大时装周，已成为许多品牌的"订货会"，所渲染的氛围和引发的关注，从 KOL（关键意见领袖）到 KOC（关键意见消费者），无不凸显强烈可感知的独特性。各种"云看秀"看上去很仓促，但很多年后，回想起 2020 年春天被迫上线的云发布，我们一定会意识到，原来那正是新体验时代的开始。

线下商业的"场景云化"，一切皆可"买手店"，甚至成为 Park（公园）。优衣库的 Uniqlo Park、全家便利店联手服装生产商 Urban Research 和设计策划公司生活方式研究所推出的综合业态便利店 Urban Famima!!……线下商业空间的数字化体验成为新模式，从精品时装买手店、专业数码买手店拓展到美妆、家居等更多行业，而成交却以直播、公众号、小程序及电商解决方案实现自提或到家。Urban Famima!! 的便利店区域，甚至设置十几台摄影机采集数据，分析到店客群及其消费行为，二次开发新的商品和服务。

位于东京虎之门之丘商业大厦的 Urban Fammia!!

这样的门店不以售卖为核心，而是越来越多地让用户全面理解和感受品牌，让用户体验成为社交内容，成为品牌的案例和推荐，成为社交网络的分享和转发。同时，空间作为重要的直播场景，导购员网红化，消费者粉丝化，货架无处不在，内容随时随地。关于场景协作，还可以从近年来大热的直播电商一探究竟。从 2019 年开始，直播电商作为电商的新物种和短视频平台的商业化探索，得到广泛关注与实践。而 2020 年，直播卖货成为一种新型的商业模式——品牌门店、购物中心、厂商乃至垂直平台的"带货"，都迅速接受"直播"的基础装修定位。

苏宁在 2020 年初推出"超店播"计划，通过小程序、App、中央直播基地等组合，仅一周时间，便有 3 000 余家门店店员直播 30 000 余场。以 12 小时不间断的"极端"姿态，让零售的全场景融合更加深入人心。

直播电商要求的产业链相似度非常高，所有工具、资源、数据都要在各自环节稳定运转，并与其他环节形成高效协作。这意味着弹性的供应链能力，直播裂变机制带来的快速协作和信息传递，数据驱动的物流解决方案支撑，以及低门槛的内容生产工具。

以人为中心的用户关系，弥合货与人的割裂场景，类直播成为更高效的零售解决方案。直播电商背后，是商业要素的"基础设施化"，包括电商、物流体系和便捷服务网络，经过多年的积累与完善，实现"模式溢出"的更多可能。每个 App 都可以"+直播"，每个品牌都可以"+电商"，每个门店都可以"+外送"。

系统数字化让许多曾经高门槛的商业要素，变得标准化、模块化、插件化，成为场景协作生产力的底层支撑。业务与场景拓展的接口能力越开放越多元，品类的高效配置就越能以更好的姿态整合嵌入产业链。

开放协作成为数字化的人的核心特征，数字商业的每个参与者都需要深入思考：相比更为"激进"的用户，自己的商业模式是否足以匹配这个时代的协作精神。

"社交商业"的 6 个创新场景

1 善用"云教育"新基础设施,抓住"社交学习"的新场景机遇

疫情加速下,远程和在线成为不可逆的生活方式,直播、短视频完成记录基础设施化,催生了快手教育、B 站课堂、得到大学等共同推动的"社交学习"模式进化。对于教育行业来说,善用社交学习新平台,不仅是新流量和新体验逻辑,而且是"每个人都是学生,每个人都是老师"所定义的新学习场景,意味着更多长期被忽略的边缘需求得到专业化解决,更多个体知识的变现将被无门槛实现,更多在线教育新物种蓄势待发。

2 创新"语音交互"的文本形态,营造更真实的"交谈"氛围

不同于视频场景的注意力固化,语音因为生产和应用的便捷性,成为智能音箱、车载助理的交互首选,也因此需要更多的场景细分与体验创新。针对在线会议、兴趣话题、语言类节目、线上游戏等不同场景,设计不同的语音加工和输出方案,比如在线会议的杂音修正、背景画面设定、兴趣话题的讨论交流设定等,可实现虚拟与现实的无缝融合。

3 围绕"场景社交",构建细分场景的社交体验、交互和语言逻辑

数字生活方式中不断涌现的新场景和更加复杂、细分的需求,都让场景社交成为"非主流产品"的主流化探索方向。以车载场景为例,文本的简洁性、交互的安全性与传达的流畅度成为关键要素。而更多场景社交品类还有待挖掘,"WeChat + Telegram + Snapchat"之后的新一代社交产品是场景"暗号",其底层是可信 ID 与加密算法。

4 抓住分布式流量主流化的机遇

直播电商所"养成"的人的算法化，与无处不在的分布式解决方案，有望创造社交商业的新机会。从个体的数字化延伸到包括自组织加速的社群运营常态，还表现为社区从原来的流量争夺到今天基于 AI、前置仓、边缘算法的精细化运营，数字化物业推动的数字化小区将是显著的品类受益者。

5 场景社群与服务解决方案激活近场网络，"新社区商业"再造社区联系

从小业态到更小业态，是这一波新社区商业崛起的集中表现。如何离用户更近，去形成更敏捷的履约体系，便利蜂、苏宁小店、兴盛优选、Today 便利店、全家都有多样性的尝试。整合社群、团长、拼购、物管，共同完成社区近场网络的触点建设。下一个机会在于，从粗放的生活价值供给维度，进入颗粒度越来越细的服务履约，更多服务解决方案被接入"小店网络"，以全场景、快服务、普惠性完成新社区商业的解决方案深化。

6 针对社交的信用体系建设，形成场景融通的"可信 ID"

芝麻信用、京东白条、微信支付的体系完备后，租房、借贷、电商消费、外卖等交易、金融场景逐步打通。场景互联带来更多数据，针对职场、校友、交友、防疫等场景标签，基于数据建模的评分标准，建立用户真实性评估体系，并在用户数据授权后形成可公开的信用分值，提升越来越离散化的社交安全性。

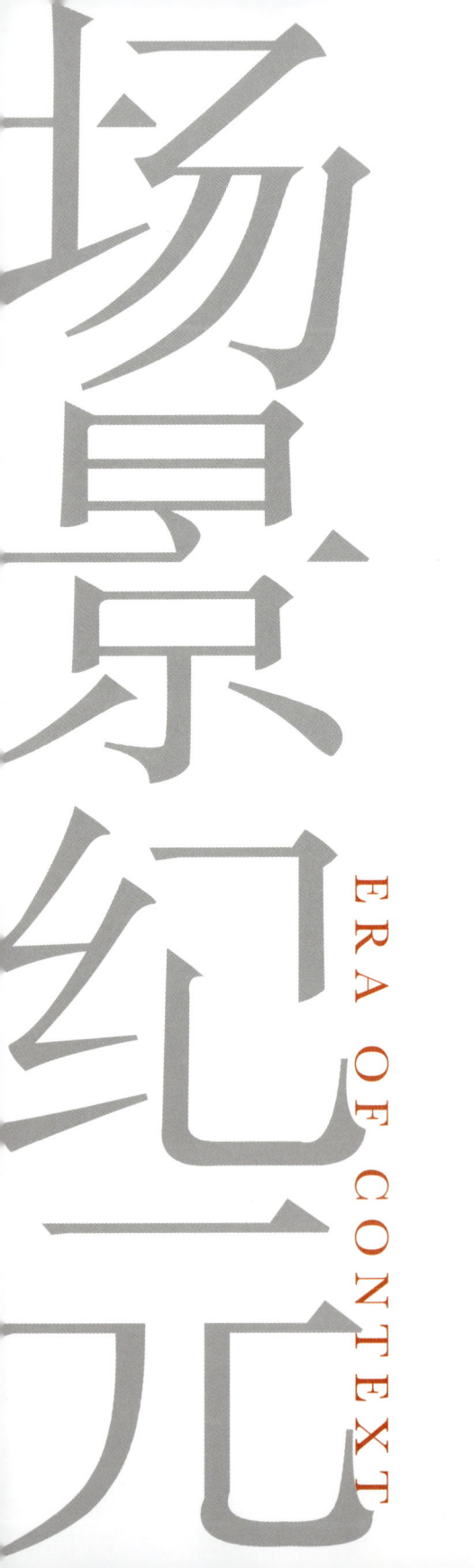

场景纪元

ERA OF CONTEXT

第四章

场景订阅方法论：持续占据有效时间的简洁模式

网飞、油管、开市客（Costco）、赛富时（Salesforce）、亚马逊云服务、Workday（美国的一家企业级服务公司）、"迪士尼+"在不同时期推出的"订阅模式"，作为流媒体平台与企业级服务的创新模式，曾给互联网商业以重要参考。它在商业模式上找到的简洁交付路径，对于完成数字时代的用户运营、创意变现乃至客户关系管理的可持续都极具启发性。国内众多内容平台以付费会员和订阅模式进入新的增长阶段。云服务与SaaS平台也在产业互联网数字化升级的大潮中尽得新基建红利。订阅模式进一步释放商业想象力，在本地生活、社交电商、在线教育、移动出行、商业地产等更多细分领域日趋占据主流。

订阅模式的三个重要方法要素是：以付费会员为模式基础，以完整的权益体系为"可订阅"的基本单元，以可持续的价值提供维系稳定的订阅关系。订阅模式之所以能够成为简洁且有效的商业模式，最关键的是"付费"动作，确保对"用户一个时间段（月/季/年）的有效占据"。在这段有效时间内，企业可以最大限度地发挥产品创造力与服务创新力。

场景纪元——创新求变，始于场景，亦终于场景。"场景订阅"以场景解决方案为权益体系，通过场景激活对应关系，重新分配用户的有效时间。其核心三元素为：多样性的供给、便捷的交付、可持续的价值陪伴。场景订阅由此可视为开启场景纪元的核心方法。

场景订阅三要素：解决方案、场景会员、意义驱动

○ 小空间大社交：场景体验的"买椟还珠"

2014 年，当万豪和宜家联合打造的 Moxy 酒店出现时，人们更多认为它是面向千禧一代的潮牌酒店，是简版 W 酒店（喜达屋酒店集团旗下品牌）。Moxy 选择每座城市年轻人聚集的繁华区域，如纽约时代广场、东京浅草寺、首尔仁寺洞——极大的公共空间，极小的酒店房间，社交被充分鼓励；没有动线的区隔，酒店和夜店融为一体。2018 年纽约之行，我特别体验了 Moxy，既感受到逼仄的房间和夜晚的"打碟噪音"，也感受到二楼整层融早餐、咖啡厅、酒吧、共享办公为一体的奢侈面积。Moxy 代表的新酒店模式就是，房间越来越小，社交越来越大。类似东京 Trunk Hotel、奥克兰 M Social Auckland、纽约 Public Hotel、伦敦 Ace Hotel，全球越来越多注重在地性联系的酒店，无一不是典型的"社交酒店"。

2019 年 11 月，场景实验室全员考察东京新商业，考察的目标之一是六本木的"文喫"书店。将文喫定义为书店并不准确，不大的空间内，文喫完整设计了书店、阅读室、咖啡馆、策展、自习、会议等极致丰富的功能，用户则以付费入场的方式，可在全天营业时间内享受空间所有服务。文喫更准确的定义是"付费制阅读空间"，它以有机的场景聚合，完整打造阅读解决方案，切实做到了阅读场景的自由。

我们可以用同样的思路理解星巴克于 2020 年 3 月在东京推出的首家

东京六本木付费制阅读空间"文喫"

付费办公咖啡馆 Smart Lounge。星巴克与铁路运营商 JR East 合作推出的这个新空间位于新干线车站内，在 185 平方米的空间内，设计了单人座位、私密隔间、多人会议桌和付费私密包厢，以匹配移动时代的轻量办公需求。而 Smart Lounge 也只是星巴克近年来对"咖啡＋场景"模式探索的一个缩影，星巴克烘焙工坊、香港星巴克冰室、东京读读乐园星巴克温室花园……标准化的"第三空间"正在不断场景细分。

从 Moxy 到文喫再到星巴克，看似空间商业在不同领域的模式创新，背后却折射出同样的商业逻辑：未来的消费会进入"买椟还珠"的全新体验模式，场景体验超越商品本身，成为付费依据。在 Moxy，不是为酒店房间，而是为公共空间和在地性社交付费；在文喫，不是为图书借阅，而是为阅读的自由场景体验付费；在星巴克 Smart Lounge，不是为咖啡，而是为专注的办公场景付费。氛围被音乐、

服务、配套、氛围,构成场景体验的溢价

小空间大社交:

TRUNK(BAR)

HELLO TBILISI

HOTEL

图书和咖啡立体渲染，正如路易威登推出《路易威登旅游指南》系列图书和 App，以及路易威登全球首家咖啡馆大阪心斋桥 Le Cafe V 的产品逻辑，也是蒂芙尼继纽约第五大道 Tiffany Cafe 后在东京原宿开设限定概念店 Tiffany@Cat Street 的模式动因。

服务、配套、氛围，构成场景体验的溢价，但更重要的是场景互联的场景体验，类似 TAI3.0 和 AirPods Pro 的无缝切换和个性化匹配日益风靡，也进一步解释了未来商业如何以场景为单位展开新价值链——越来越依靠对新场景的开发，设计更加系统、自洽的场景体验。甚至可以直接说，开发的场景越多，就越能筑起壁垒和护城河，这也是面对场景纪元"无常的新常态"最为重要的反脆弱能力。当碧梨·艾利什（Billie Eilish）在 2020 年 1 月戴上古驰双 G 图案定制口罩出席格莱美颁奖礼时，我们似乎能够看到数月后的奢侈品自救：口红场景之外的口罩场景，何尝不是时尚业提振信心的一次可能。线上购买、社交距离、成分透明这些不可逆的后疫情场景，都对供应链重塑带来数字化流程的全新检视。

事实上，面对全面场景化的高速数据流，如何确保场景体验的稳定性供给，如何驱动对更多用户有效时间的锁定，是奢侈品、生鲜电商乃至流媒体、云服务都要共同面对的重要命题。

场景订阅，是应对这一课题的有效方法。

场景订阅：是方法体系，更是思维方式

场景实验室对亚马逊的跟踪研究发现，亚马逊 Prime 会员续费已经越来越依赖亚马逊流媒体平台的原创内容订阅，以至 Prime 最初推出的"79 美元两天免费送达"单点权益已逐渐被忽略。

随着亚马逊新业态布局的推陈出新，Prime 会员体系逐渐进化为以场景解决方案构建的会员生态。以 2017 年推出的家庭会员服务为例，诸如亚马逊 Family "妈妈计划"的尿布订阅、婴幼儿用品会员折扣，以及亚马逊 Household 的青少年账号、父母代付、家庭共享愿望清单等服务产品大受欢迎。这并非简单针对家庭需求的权益定制，而是将家庭作为独立 ID 和流动性场景所提供的整体性消费解决方案；是将家庭作为新消费单元，围绕"情感关系与数据联系"所构建的新订阅机制。此后，亚马逊不断叠加包括全食超市在内的实用的本地权益。Prime 的与时俱进，得益于能始终抓住消费痛点。订阅模式绝非各种"鸡肋"权益的铺陈，而是让增量价值成为核心决策依据——续费机制来自真实的场景痛点，是场景订阅的精髓所在。赛富时、Workday 和 ServiceNow（美国的一家企业级服务公司）都在寻求接近 100% 的订阅续费率，为了这个看上去不可能完成的目标，现在服务公司甚至对所有并购的公司都要做一个标准动作：代码重写，以适应那些早已习惯于现在服务公司软件界面体验的挑剔客户。

这并非自然而然的进化。从万物车联到场景互联，场景的融合、切换、刷新更加快速，有效时间单元也变得多维度化，订阅模式的基本要素面临重塑，包括权益单元的场景解决方案化、会员运营的彻底场景化，以及意义驱动的体验满足和价值共建。当用户不满足于阿里 88VIP 生态会员的一站式服务，阿里开始和京东 PLUS、苏宁 Super 会员一样，大力拓展本地生活服务权益。"更多的订阅"是场景互联的商业创新方法。

我们将这套商业方法体系命名为"场景订阅"，"场景"演化为重新理解订阅的关键词。一切订阅都是场景唤醒和激活的个性化定制。前文提到的文喫，尽管在商业层面远不足以证明其成功，却可作为"场景订阅 MVP"帮助理解用户细微情绪变化的载体如何被镜像：自习还是阅读、翻阅或者对谈。在文喫，围绕阅读的场景细分，付费入场的运营机制，体验自由所创造的用户价值，分别对应场景订阅的三个方法要素：解决方案、场景会员和意义驱动。

解决方案——即"生活方式提案"，颗粒度化每一个具体、真实的需求，并场景化、系统性地解决。腾讯随行针对驾驶舱的场景细节，持续开发小场景，进而形成无干扰的如影随形服务；数字化助手的流畅属性，让驾驶舱的智能化成为可能。

场景会员——全新的用户关系，让场景解决方案成为最小权益单元，并通过具体场景完成有质量的交互和关系确认。网易游戏大会员联动不同游戏 ID，让玩家的物有所值直线上升为物超所值；得到 App 知识锦囊会员则充分拆解具体的知识应用场景，以精确的用户视角和简洁的清单模式，有效翻译并转化了专业知识的实用性与可操作性。

意义驱动——可持续的连接，是对用户长期的读懂和高于预期的体验创造；重要的是陪伴感与惊喜感转化为对品牌的忠诚，核心是品牌对用户的忠诚。无论品牌承诺还是价格承诺，抑或服务承诺，最终必然是价值观的认同。"单向空间"书店依靠会员计划众筹，就是

解决方案

生活方式提案
颗粒度化每一个具体、真实的需求，并将其场景化、系统性地解决

可持续的连接
核心是品牌对用户的忠诚，无论品牌承诺还是价格承诺，抑或服务承诺，最终都必然是价值观的认同

场景订阅

意义驱动

全新的用户关系
让场景解决方案成为最小权益单元以形成付费动机，并在具体场景中完成有质量的交互和关系确认

场景会员

场景订阅三要素：解决方案、场景会员、意义驱动

依赖长期陪伴的情感认同，完成会员价值的转化。

场景订阅是方法体系，更是思维方式。

每个企业都需要去理解，如何在复杂、流变的场景中完成数字化建模与智能响应，在关联已有场景服务的基础上，不断洞察新需求，发现新问题，以订阅模式完成更加完整的新场景体验链路。如何围绕不同用户单元的消费、医疗、教育、保险、免疫，甚至资产配置、数据管理，以场景用户为 ID，形成长期、稳定、简洁，且具备持续性付费能力的商业解决方案，成为新的消费增长点。需要指出的是，我们在后疫情时代看到的大者更强，都与生态孵化新物种的能力和新关系模型迭代有极大关联。大公司富有效率的场景开发速度，让剧变时刻的马太效应更加明显。

解决方案：让每个细分场景都长出新生活方式

从移动互联时代的线上线下融合，到场景互联时代的场景融合，数字生活方式与商业场景创新，有太多未被认知的缝隙需求正在涌现。

日产汽车的"降噪解决方案"在 2020 年国际消费电子展推出的轻量化超级隔音材料，既确保车内静谧的沉浸空间，还比传统材料轻 75%，提高了燃油的经济性；吉利汽车的"健康解决方案"，正在研发可隔绝外部空气中有害物质、快速高效净化车内空气、实现车内病毒防范的全方位健康汽车；黑莓的"安全解决方案"，通过与主机厂和数字操作系统的合作，海量数据的安全算法能够更好地识别道路风险并发出预警……众多出行场景的解决方案探索，来自其生活方式属性：持续场景细分，系统设计场景，表达新品类价值主张。

○ 场景细分：从新品类到解决方案

新冠疫情期间，中石化易捷加油不仅通过 App 实现"线上下单，一键加油"，还上线口罩，推出无接触生鲜零售功能"一键到车"——App 下单，到达加油站后"配送到车"——开始进入竞争激烈的本地生活电商赛道。那么，"一键加油"和"一键到车"究竟是品类拓展还是场景细分？

加油站作为开车出行的高频触点，有机会围绕日常生活细分出更多关联场景，可以是卖菜、卖咖啡，甚至涉及更多生活刚需。但如果卖生鲜作为出行场景的有效补充，那么则要思考谁在买生鲜，这些车主是否是家庭日常事务的决策者？只有当特定场景的用户交易不是因为随机的优惠或促销，而更多地表现为常态性主动发起时，"卖菜"才是加油这个细分场景的方案要素。

所以判断的关键，不仅是场景细分的"精"和"准"，还在于是否为真实的场景。即便场景真实、具体，还要看是否构成消费习惯甚至生活方式，是否能从产品、服务的价值沉淀为场景数据价值，才可判断解决方案的有效性。

比如睡觉这件"小事"，领先巨头和创新企业都在积极探索解决方案。既有传统物理的，如助眠香薰、睡眠耳塞，也有更多包括智能床垫、数据化睡姿调整在内的新技术应用。

2017年苹果收购Beddit，发布了第一款睡眠监测器，测量睡眠时间、心率、呼吸、打鼾和卧室温湿度，可以连接苹果手表，显示睡眠报告通知、就寝时间提醒。SleepScore Labs是一家总部位于美国加州的创新公司，他们让用户借助智能手机传感器，获得专业的睡眠监测、评估和建议。它的算法能感知用户的呼吸速率和身体运动，并解读夜间不同睡眠阶段信息。《赫芬顿邮报》创始人阿里安娜·赫芬顿创立健康内容平台Thrive Global，关注以睡眠为重点的身心健康对个人生活方式和组织创造力的影响，用内容、课程、产品等提升

Beddit 睡眠监测器

个人生活质量，改善企业文化，提升组织效率。随着睡眠场景的不断深入，众多企业共同推动了"数字化睡眠"的新品类化，睡眠这件"小事"成为数据的入口——围绕数字生活方式展开的一切场景。都在持续具象化场景时代的创新策略，即以品类红利占据用户心智，元气森林、巴黎水乃至轻食、代餐都有异曲同工之处。

围绕睡眠场景，9hours 和 Book & Bed 则从另外的维度进行模式探索。日本连锁胶囊旅馆品牌 9 hours，用极简的"9 小时解决方案"来应对不确定的睡眠场景——1 小时淋浴、7 小时睡眠、1 小时洗漱，让赶不上末班车的夜归上班族可以从容地睡上一觉，让匆忙的背包客可以不再随意打发一晚。9 hours 的 Lab 概念店围绕 Desk Editor 的编辑力，通过睡眠舱、北欧精品咖啡、能作工艺品，甚至开阔的临街视野共同完成。以"可过夜的书店"为经营理念的青年旅舍 Book & Bed Tokyo 让"在读书时入睡"的精神愉悦，即便在胶囊旅馆也可轻松实现。整个床铺间隙可容纳 3 000 多本书，营造在书中入睡的独特场景体验。言几又在浙江桐庐也有类似的产品创新尝试。

9 hours、Book & Bed、言几又乡村胶囊旅社书店只是认知启发的开始，即便围绕睡眠，也还有太多更细分的场景痛点等待被挖掘。场景细分既是解决方案的必备要素，更是数字商业新价值链的展开方向。用小数据捕捉小需求，用新品类定义解决方案，用新观念推动生活方式进化。比如，立足出行场景的东航"周末随心飞"、立足一小时场景生活圈的苏宁"随时会员"和西瓜视频细分"好莱坞会员""动漫会员"的尝试，都意图打造轻量、简洁的权益履约体系，以完成小场景的开发。

总体来说，场景细分作为解决方案打造的第一步，需要先规划真实存在需求的具体场景，根据频次、刚需程度判断场景的可持续性，在此基础上论证生活方式新品类的可能性，再确定在商业层面场景供给的独特性与独占性。

○ 系统设计：解决方案的完整打造

场景细分、再细分后，解决方案的完整打造还取决于下一个环节——系统设计。系统性既指向场景设计的完整度——从用户体验的闭环到商业模式的闭环，也指向场景的开放性——以用户需求和客户需求为中心，积极关联新场景，创建便捷交付的个性化服务体系。

还是得提到 Zoom，这家用户体验至上的新物种企业，专注于视频会议场景，其可靠性、安全性和友好性带来的综合体验，形成 C 端用户口碑和选择的条件反射，进而完成对 B 端采购决策的影响。

Zoom Chat 是 Zoom 对用户体验深刻理解的典型范例，作为 Zoom Meetings 的聊天平台，它允许用户在不同终端发送文本、图像、音视频等内容。用户可以从文字交流迅速切换到视频会议，并同时分享文件给其他用户。体验的无缝和流畅，来自对场景理解的深入。2020 年 3 月，疫情期间的 Zoom 线上交响音乐会，让这种综合体验完成用户破壁和场景扩展。这既是 Zoom 围绕视频通信带来的惊喜体验，也展现了 Zoom 在解决方案层面的延伸与分发能力。Zoom 未来的想象空间，依赖于场景解决方案如何持续与时俱进，是用户体验的高优先级降维进入各种场景。比如，在车的场景下，用 Zoom 去定义"Zoom Car"的新品类价值；再比如，Zoom Room 是否会受益于后疫情工作环境变化对新会议室的建设需求。这些来自场景细分的品类独占极具增长价值。再回到车，网飞的 Netflix Car、推特的 Twitter Car……是不是也拥有同样的场景开发可能性？

Zoom 代表"少即是多"的产品价值，无论解决方案的底层如何复杂，前端始终都是以简洁的个性化履约体系，实现用户体验的轻盈和价值传达的透明，这就是人们常说的"精于心而简于形"。

Zoom 的场景解决方案

场景解决方案意味着数字化底层架构的场景化。以 API 思维形成场景化"微 OS"，以极强的弹性、极高的适配性，让场景接口变得简便、响应变得即时。用户飞轮的核心是向内而生，所谓"私域流量"，就是以更直接透明的用户反馈，随时以场景唤醒用户运营机制。私域流量是私域用户，本质是场景用户，这才是私域流量运营的价值所在。相比公域流量，私域流量能够更加精准地运营用户数据，快速建模，快速迭代，先一步构建场景 MVP，更快解决新的场景痛点。数字化底层架构的场景化，对扮演数字化助力角色的企业级服务公司提出了新的要求。

2019 年的"新物种爆炸"发布会，曾定义"微盟"为"助力就是重力"，提供轻解决方案，做重服务能力。"轻"的本质，是洞察每个细分场景，打造简洁低门槛的数字化路径，以场景云化实现"轻"的解决方案。"重"则是深入行业内部，打通管理运营、产品服务和履约交付之间的关键节点，提供"重"的客户服务能力。微盟小程序直播定义的"私域直播"，微盟微站的"三分钟打造小程序"，微盟外卖直指自营外卖的数字化痛点，都从解决具体问题出发，以数据深耕场景，以订阅形成可持续交付，通过独特的解决方案提升行业效率。

SaaS 的场景解决方案，也意味着 SaaS 企业自身的 IP 能力建设。不满足于模式进化，还要不断实现 IP 深化 —— 场景信用必然来自 IP 化。微盟在 2020 年启动"616 零售购物节"，就是一次 SaaS 企业 IP 化的有益探索。围绕该购物节，微盟首次推出"1+N"模式，以微盟直播主会场联动多家品牌直播分会场的直播新模式，通过朋友圈广告引流、社交裂变营销、直播连麦互动、线下导购推广四大抓手，实现公域引流到私域促活转化。重要的不是"造节"和"明星 IP 加入"，而是微盟作为 SaaS 企业，用解决方案能力创造真实的场景入口，用自身的 IP 价值实现对服务企业的可信赋能。微盟专注零售场景解决方案，也进一步说明，连接、协作和普惠，才是这个时代 SaaS 精神的应有之义。

场景拆分和完整的系统设计，成为解决方案的一体两面，场景解决方案的价值感，通过产业协同和用户价值共建的互动网络效应长成。真实性、轻量感、完成度，是场景订阅的第一个要素"解决方案"的核心特征：

1. **真实有效**：不是为设计而设计，而是从消费习惯的具体场景出发，从用户的痛点出发去思考，切入真实场景的真实需求。

2. **以重为轻**：表现为"订阅"的简洁交付形态，背后是系统的设计与开放的连接。

3. 体验完整：需求满足不完整、权益匹配不闭环则无法称之为"解决方案"，而体验完整的核心，是伴随场景细分、再细分的过程，要义在于数据运维的模块化。

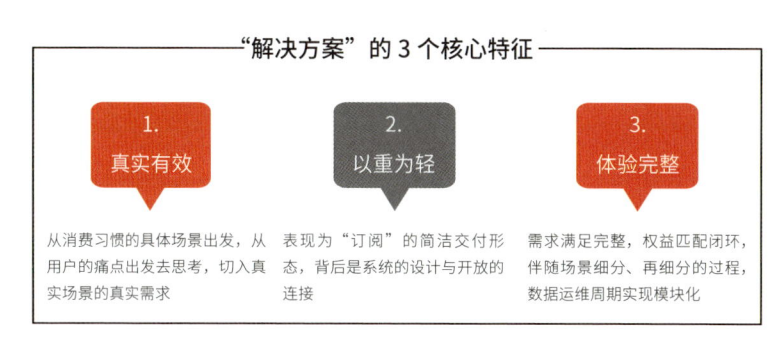

"解决方案"的 3 个核心特征

1. 真实有效
从消费习惯的具体场景出发，从用户的痛点出发去思考，切入真实场景的真实需求

2. 以重为轻
表现为"订阅"的简洁交付形态，背后是系统的设计与开放的连接

3. 体验完整
需求满足完整，权益匹配闭环，伴随场景细分、再细分的过程，数据运维周期实现模块化

解决方案的 3 个核心特征

场景会员：构建以场景解决方案为权益的会员机制

关于付费会员，过去很长一段时间，其所有形态和领域都有典型公司出现。开市客、山姆会员店对会员制超市的探索，SaaS企业长期坚持的企业级服务生态布局，以流媒体订阅为代表的付费会员增长模型各有特色。而审视数字商业各领域的新物种和诸多DTC品牌的打造方法，它们从创办之日起就致力于成为会员制公司，也就是天生数字化、天生会员制。商品精选演变成服务体系，积分权益演变成信用生态，流媒体平台演变成原创内容订阅，产品研发创新演变成用户运营创新。付费会员的商业模式早已突破类似折扣、包邮等单点权益，正成为企业的商业模式选择和核心战略。

会员制本身成为商品，而非平台或产品的营销策略，更非客服职能的局部表现。从解决独特的场景小问题切入，从洞察应用场景真实的用户感知开始，形成人、货、场、服融合的数字化运维机制。这与以货为中心或以积分为核心的会员制逻辑截然不同，它是以人为中心的用户关系，形态上会表现为家庭会员、联名会员、生态会员等。而其商业方法，其实是以场景为入口形成新消费单元的数据联系和场景提案，并围绕订阅的模式深化，不断实现新场景激活的权益引流和增长黑客。我们把这个方法要素称为"场景会员"。

超级 ID：不仅全终端，更是全场景

思考会员制的进化，要从理解用户的变化开始。用户以 ID 完成有记名消费而被数字化记录，也以 ID 确定身份属性和场景标签，这是会员制设计的新起点。加速场景融合，实现用户体验的无缝场景自由转换，意味着作为通行证的 ID 全面场景化升级。

茑屋书店母公司 CCC 在 2003 年推出的跨业通用积分服务 T-POINT，可以理解为超级 ID 的雏形。T-POINT 会员数达到 7 000 多万，合作品牌近 300 个。T-POINT 的先发优势，却被 2015 年推出的 d POINT 反超。d POINT 母公司 NTT DoCoMo 成立于 1992 年，是日本最大的移动通信运营商。2015 年，DoCoMo 将自有会员积分体系进行升级，d POINT 应运而生。d POINT 会员可在所有联盟品牌店铺按一定比例（0.5%~2%）获得积分，以"1 积分 =1 日元"在联盟店铺进行消费或兑换。d POINT 的积分体系，不仅打通 DoCoMo 内部业务，还凭借运营商优势扩展合作品牌联盟，迅速拓展积分体系的应用场景，带来快速的用户增长。截至 2019 年 10 月，d POINT 合作品牌超过 300 个，拥有会员约 7 234 万人。

以上两项服务的共同点是：用唯一性 ID，实现权益融通、体验融合和场景融通，完成场景的数据资产化。场景互联时代，ID 向超级 ID 演进。

d POINT 的超级 ID

超级 ID 的"超级"不代表权益数量,而是始终能够在统一的顶层架构和提案逻辑里,抓住新的场景痛点并具体解决。T-POINT 和 d POINT 都希望用直观的积分体系设计,完整满足用户日常的高频刚需。而未来决定成败的,不在于品牌联盟数量的多少、积分体系扩展的快慢,而是谁在用户生活中占据不可或缺的地位,和谁能更快关联新场景,实现对用户需求的即时响应。这也要求品牌更加深刻地洞察生态位优势,构建属于自己的场景独特性。

超级 ID 是唯一性 ID,需要全终端打通,实现多屏幕、多终端的唯一性;也是场景化 ID,意味着全场景的融通,以完成从数字化用户到场景数据的完整图谱。超级 ID,是场景会员的第一个关键词。

。以场景解决方案为权益单元

2019 年底推出的"迪士尼 +"引起行业的极大关注。迪士尼推出付费流媒体平台的动作酝酿已久。它从 2017 年前开始回收内容版权,并停止授权漫威系列的改编,转而制作自己的漫威剧集。因为迪士尼所拥有的大量影视版权和经典动画 IP,使得"迪士尼 +"的推出,给包括网飞在内的流媒体平台带来不小的竞争压力。上线当天,"迪士尼+"注册用户破1 000万,迪士尼股价上涨7.28%,同时网飞股价下跌3%。

"迪士尼+"掀起的流媒体平台之争,并不是围绕版权数量和IP稀缺性的内容之争,而是场景之争。美国"迪士尼+"的订阅用户中,有10岁以下儿童的家庭用户占据最大比例。"迪士尼+"的增长势能,是它的基因决定的,是迪士尼对家庭场景的精准锁定。从内容的"合家欢"优势,到"家庭订阅"的场景解决方案,"迪士尼+"不是流媒体平台,而是以家庭为单元的内容消费场景,这是"迪士尼+"商业模式的独特性所在。

场景是权益设计的情感契约,是理解场景会员的第二个关键词。会员模式强调的关系、温度、情感、社群、裂变,都要深入颗粒度场景完成关系构建和算法建模。新场景开发不仅作为创新机制形成启发,更要作为实际方法被贯彻到每个权益单元的设计中。

以场景解决方案为单元的会员权益,表现为更加精密场景的生态聚合。每一个权益单元都是一个场景解决方案,也是有益、协同的一次生态化布局。

典型代表如联名会员。KAWS、村上隆、草间弥生等艺术符号背后,是优衣库、VANS、OFF-WHITE 等品牌与时俱进的用户心智；京东 × 爱奇艺 × 携程 × 喜马拉雅 × 腾讯视频……看似是 TMT 行业围绕流量跨界的更低门槛，实则是用户增长和补齐服务生态的一次次实验；还有蕾哈娜内衣品牌 Savage × Fenty、GAP × Kanye West、NIKE × 权志龙……人格与场景更加精准地彼此赋能。

"联名会员"是离散用户的多样性提案，联名过程围绕需求场景重新组织双方权益，遵循着场景驱动的设计逻辑，通过分层形成一站式解决方案。

优衣库 x KAWS 联名系列 UT

○ 持续激活新场景

场景订阅的精髓，还在于最大限度地提供不间断的体验服务，拉长用户停留时间，捕捉更多场景请求。重要的是，如何能够以场景会员的稳定履约，持续唤醒用户。激活新场景是场景会员的第三个关键词。

2019年开业便迅速成为泰国新打卡地标的暹罗天地（ICONSIAM），在业态创新和空间体验的亮点，掩盖了其用户运营的模式探索。面对以游客为主的用户构成，暹罗天地针对相对低频的旅行场景推出"游客卡"，以品牌优惠为主要策略，包括退税、休息室、行李寄存、餐饮推荐等权益，都是旅客场景的刚需。即便会员服务在暹罗天地整体对外话语体系中仅有"只言片语"，但对旅游业的服务提升仍有极大参考价值。对于空间商业，从空间运营向用户运营的转变虽然已是主流认知，但用户运营模式的创新乏善可陈。如何围绕用户需求持续创造新场景与新体验，暹罗天地迈出了尝试性的一步——针对旅行场景而非购物场景，延展场景会员的应用场景设计。

作为全球最大酒店管理集团的万豪，围绕"旅行场景解决方案"推出的旅享家会员模式初见成效。万豪在中国的会员战略有两个布局重点：一是与飞猪进行战略合作，并加入阿里生态会员体系，快速接入围绕旅行的一站式服务；二是针对在地出行场景痛点，与"滴滴豪华车"进行战略合作，除积分体系打通，还在万豪 App、小程序接入出行服务，同时开发多样性的线下出行场景，如酒店代叫系统、滴滴车站等。万豪旗下的瑞吉酒店，还结合其标志性管家服务，携手滴滴豪华车定制司务员专属培训课程。同时，以"万豪旅享家" App 作为会员阵地，加大体验设计投入，App 界面友好、链路简洁，以此形成场景数据和用户资产沉淀，拥有可复用的内生流量和可持续订阅模型，深得合作伙伴滴滴出行和阿里巴巴的互联网产品方法要义。

场景订阅的模式深化，不仅可降低连接成本，还让交付模型的 AI 化越来越简洁——关联场景的广泛激活，带来基于数字化联系的契约关系构建，引流能力突出。在这一点上，苏宁 Super 会员探索的全场景优势，有效实现了"自营电商+"，是国内较为成功的场景会员模式。

作为"场景订阅"方法论的第二步，场景会员的三个核心特征是：

1. **超级 ID**：是场景会员的通行证，以实现权益融通、体验融通和场景融通。

2. **新权益单元**：以场景解决方案为权益单元，是更灵活个性的需求满足，也是更系统完整的履约体系，更是深入连接的用户关系。

3. **小场景激活**：开发小场景，是主动设计，更是用户的反向定义，在场景会员的运营链路展现出 DTC 能力，是 AI 化和信任感共同驱动的有效时间占据。

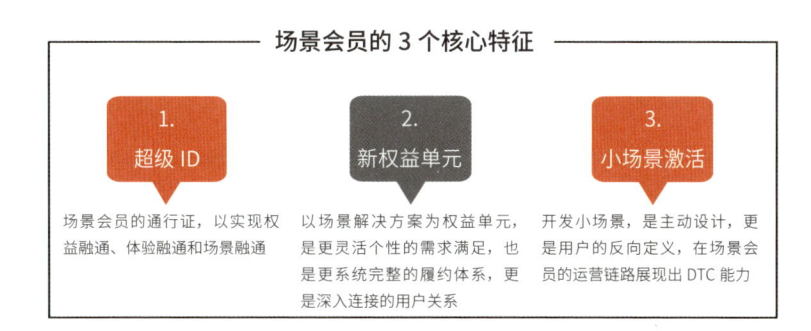

场景会员的 3 个核心特征

1. 超级 ID
场景会员的通行证，以实现权益融通、体验融通和场景融通

2. 新权益单元
以场景解决方案为权益单元，是更灵活个性的需求满足，也是更系统完整的履约体系，更是深入连接的用户关系

3. 小场景激活
开发小场景，是主动设计，更是用户的反向定义，在场景会员的运营链路展现出 DTC 能力

场景会员的 3 个核心特征

意义驱动：对新有效时间的饱和攻击与价值供给

鲍德里亚在《消费社会》中写道："人们对物的消费，实质上是消费物所承载的符号意义。"越是面对现实生活方式的急剧变化，越会在"符号意义"上放大个体对价值寄托和意义归属的找寻。谁会成为你时间的陪伴，不仅是每个人反问自己，也是每个企业、每个品牌都要反问自己的关键问题。

所以新的车联内容，是新的场景、习惯和时间，而非现有形态在不同终端的平移，新的标准、协作和运营商需要被重新规划与设计。智慧家居如三星、LG、海信、小米，相互间除了极致屏幕体验的参数比较，还要看社交内容和交互价值的重要性，以此掀起新一轮"客厅革命"。任天堂能够连续穿越周期，[1] 接连用《健身环大冒险》《动物森友会》稳固占据游戏社交的头部位置，是因为任天堂始终在用游戏构建理想生活的镜像，是一家永远为玩家制造惊喜的内容公司。持续的价值创造，一定来自意义驱动。输出价值观才是最大的价值，这也是我们判断超级用户思维作为企业顶层运营模式设计的终极思考。意义驱动不是"只可意会不可言传"的玄学，而是用体验细节、原创内容、观念更新共创的新场景叙事。

---

[1] 穿越周期指实力强大、成长性好的企业能够穿越经济周期，实现持续增长。——编者注

○ 杀鸡用牛刀：体验细节的持续创造

短视频平台 Quibi 曾经在 2019 年 3 月高调亮相"西南偏南"大会，两位明星创始人杰弗里·卡森伯格和梅格·惠特曼分别主导过梦工厂和易贝（eBay）。Quibi 可以理解为轻食版的网飞或 HBO，也可以理解为阵容更加豪华的剧场版短视频。通过与斯皮尔伯格等好莱坞一线制作人合作，产出每集在 10 分钟之内、每分钟制作成本 10 万美元的短剧集，并通过横竖屏切换形成沉浸视角，对标大剧水准却按短视频场景卡点高潮与悬念。Quibi 以极致的姿态，以期完成对更多

Quibi 的横竖屏切换沉浸视角

碎片化有效时间的解决：事实上，每集 7~15 分钟的短视频美剧已经开始收割"碎渣时间"。Quibi 所代表的是彻底根植于场景互联时代的全新物种，是彻底面向场景化用户、对场景有深刻理解的内容供应商。

与场景化用户的连接方式越来越呈现出分布式形态，意味着持续连接的难度指数级增加。我曾用"杀鸡用牛刀"来比喻能够占据用户心智的差异化方法。新物种的诞生，往往来自把用户的某个小需求满足到极致、把每一个时间单元满足到极致的极致思考中，价值就在饱和攻击中生长出来。最终创造的意义本身，才是场景订阅连接用户的最重要保障。

因此可以理解，为什么那么多奢侈品牌开始做彩妆。拥有 183 年历史的爱马仕在 2020 年进军彩妆领域，并毫无悬念地以口红为首发品类，成为继 2019 年古驰重启彩妆线后又一入局彩妆领域的奢侈品大户。此前，迪奥、香奈儿、阿玛尼、纪梵希、巴宝莉等诸多奢侈品牌也都推出自己的彩妆产品线。其实质是大品牌在用饱和攻击的方式做细分市场，不仅是大品牌以强势资源形成对小品牌的压迫性竞争，重要的是以更加普惠、低门槛的品类布局，用奢侈品占据用户心智的认知价值，形成最大化的商业价值转化。上海兴业太古汇设置的几乎是国内最全美妆护肤的商业布局成为亮点和卖点，其立足年轻用户的差异化场景设计功不可没。

古驰彩妆

无论品牌打造还是体验创造，饱和攻击过程的冗余，正是用户连接、需求捕捉、意义创造的深入过程。场景商业的每一步，是全新规则重新解释那些习以为常的痛点。每一个微小需求都需要被最大化满足，这是场景算法展开的商业机遇。

○ 原创内容机制："场景化叙事"让订阅保有价值增量

前文提到，亚马逊 Prime 会员续费已经越来越多依赖于流媒体平台的原创内容订阅，包括积极购买和巨资自制的大量独家优质影视内容。Spotify（瑞典的一家流媒体音乐服务平台）2019 年开始对播客公司、IP 的大举收购，也是音频领域的类似尝试；优衣库推出全新的品牌同名杂志 *LifeWear*，由前 *popeye* 主编木下孝浩主理，以编辑视角提案"服适人生"的生活主张，成为如 UT（优衣库 T 恤系列）般让用户趋之若鹜的订阅单品。无论如亚马逊的天生数字化，还是 Spotify 播客 IP 战略的加速，抑或优衣库的订阅升级，原创内容优势事实上已经替代传统的品牌力，成为场景订阅的价值陪伴，也成为劈开用户脑海的长期武器。

内容是时间的朋友,从抢占注意力到信任代理,差别就在于用户投入的深度和参与的意义。原创内容机制的效率体系和信用关系,来自真实场景的结合,重点在于"场景的可解释"、"用户互动的质量"和"圈层确认的暗号"。企业无论面向企业还是面向消费者,都要从企业新环境与新竞争格局下的用户关系切入,致力于解答企业长期的用户价值。腾讯与美团的回答,无论"负责连接一切"还是"生活服务没有边界",都有"本分"的价值观蕴含其中。

空间商业正在进入"美术馆时代",是因为空间商业的本质不是空间而是内容,是如何解释新生活方式、形成新体验提案。空间商业的场景化叙事,蕴含着疫后重建不可多得的"新品类定义"的机会。香港体验式购物中心 K11 MUSEA 的策展式商业,融合了艺术与数字化,以随机性体验、惊喜感消费、艺术感归属,让文化艺术与零售体验的融合与想象更上一层楼,形成独有的审美订阅;拥有 30 多年历史的新加坡 Funan 购物中心的第三次变身,延续对"数字美好生活"的诠释,完成黑科技策展 Mall 的极致体验提案。持续的预期满足才是稳定的意义驱动。

直播形态的类型创新和品牌化,远程办公场景"非工作内容"的填充和串联,自动驾驶对城市道路进一步的智能感知需求,酒吧与夜店的游戏化自救……这些习惯重塑的行业教育和影响,值得深入探索。率先尝试场景化叙事体系,建立与用户的情感联结,意味着用

新加坡 Funan 购物中心

户的聪明被我们发自内心地尊重和确认。

简言之，场景订阅的意义感，建立于品牌自身的原创内容体系。场景化叙事完成的价值表达与场景连接不是灵光乍现，而是新一轮商业竞争的比较优势，是理解何为用户后的一系列正确动作。

◦ **新生活观念：有效时间的全新意义体系**

对有效时间的产品化设计，是场景订阅的根本性命题。新有效时间，来自数字生活方式的新审美和新需求，能够进入用户真实感受，使其愿意与品牌共同成长。

新有效时间来自场景开发，万物车联在高速移动的场景重塑时空体验，数字化社区让原本鸡肋的物管成为有意义的社区时间，如 Neon、小爱同学、腾讯随行这样的数字助手，让每个生活细节在虚拟现实的融合场景长出新意义。新生活观念，是"从 0 到 1"的生活方式新品类。

诸如家庭陪伴、无接触生活方式、信息透明、极致安全、生态友好……如何将这些新生活方式嵌入新场景叙事，形成具备引领性的以"新生活观念"解释新有效时间的意义体系。到家业务全面爆发，谁是最有服务能力的温度感品牌？非接触细节如何设计，餐饮包装如何呈现安心与质感，消毒承诺怎样上升为安全承诺？这些新的生活观念蕴含着新外卖品牌、新配送品牌和新生鲜品牌的品类级机会。

围绕"数据联系、情感关系、观念更新"的运维能力，太多有效时间的精细化尚未完成，更底层、更具延展性的商业解决方案需要通过完整体验设计加以固化。作为场景订阅的最后一个方法要素，意义驱动的认知启发可以概括如下：

1. **大品牌小市场**：以低门槛、普惠的产品设计形态，完成更多细分群体有效率的消费与服务共识。

2. **内容驱动**：原创 IP、持续刷新，与商业、技术同构的内容产品体系，是企业创造与用户意义联结的"撒手锏"。

3. **生活镜像**："意义"被生活与关系赋予，在虚拟和现实不断场景融通的增强过程中，数字生活方式以观念的更新开启新有效时间与新订阅模式。

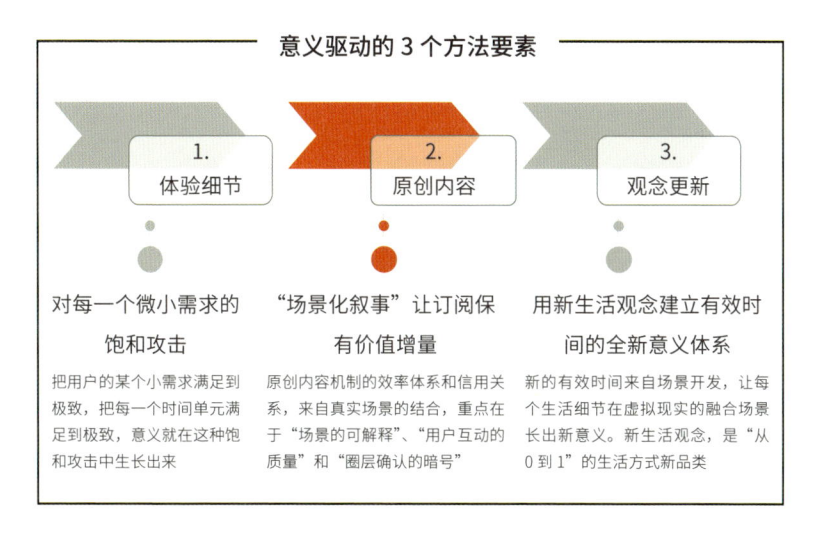

意义驱动的 3 个方法要素

1. 体验细节
对每一个微小需求的饱和攻击
把用户的某个小需求满足到极致,把每一个时间单元满足到极致,意义就在这种饱和攻击中生长出来

2. 原创内容
"场景化叙事"让订阅保有价值增量
原创内容机制的效率体系和信用关系,来自真实场景的结合,重点在于"场景的可解释"、"用户互动的质量"和"圈层确认的暗号"

3. 观念更新
用新生活观念建立有效时间的全新意义体系
新的有效时间来自场景开发,让每个生活细节在虚拟现实的融合场景长出新意义。新生活观念,是"从0到1"的生活方式新品类

意义驱动的 3 个方法要素

解决方案、场景会员、意义驱动,场景订阅三要素可推演为六个具体步骤:

1. 创建一个生活方式提案。
2. 最小颗粒度场景数据采集。
3. 设计解决方案的流程可视化。
4. 以使用激活的场景计费。
5. 社群反馈优化订阅权益。
6. 持续生产原创内容。

场景订阅是订阅制的回归,以创建提案、场景计费为关键步骤,重

新梳理和解决当下订阅制带来的资源、时间、信用浪费。直面"常态的移动、流变的生活",简洁有效的订阅模型让场景创新始终以敏捷而简约的姿态,完成新周期的进化使命,它也为以时装周为主要商业模式的时尚业在疫情期间遭遇重击后寻找新出路提供了思路。面对可持续发展与新的社会变化,我们如何以供应链溯源为切入点,审视对自然资源的使用,确保可持续的商业行为。欧洲最大的服饰零售商H&M可持续发展部门负责人安娜·格达认为,"采用循环的方式对待时尚,可以让我们改变行业不可持续的生产、消费和贸易模式。采用新的商业模式,并以科技和创新为推动因素,可避免浪费,减少对环境的影响,创造新的经济价值。协作对于推动发展和实现这种转变至关重要"。

毫无疑问,新的意义是可持续、可循环的,新的解决方案是健康合理、生态友好的,新的场景订阅正在于认同这样的道德标准,创建全新的生活方式提案。

"可持续"的 6 个创新方法

1 材料可持续，塑造新奢侈品牌

2 不断深入小众和圈层，构建循环经济的新品类

3 理性营销，重建可持续的用户连接

可再生或回收材料的使用，不仅作为企业的社会责任承诺，更在于如何用材料可持续所主导的产品设计思维，形成新品牌建设方法，去释放新观念的商业价值。Petit H 之于爱马仕，皮革残片逆向生产的生活小物，赋予爱马仕奢侈品之外的奢侈感；卡车帆布之于弗莱塔格（FREITAG），材料的独特性成就每款包的图案、纹路，甚至磨损程度的独一无二，也带给消费者唯一性的稀缺感。新奢侈品牌的奢侈感，不再来自 logo、定价和限量，本质是价值观锚定的品牌观念符号。H&M2020 春夏环保自觉行动限量系列让人印象深刻之处在于"可持续材料的混合使用"对能源消耗的显著降低。

潮鞋、图书、服饰、3C 之外，以二手交易为代表的循环经济模式仍存在大量未被定义的新场景。这些交易区别于闲鱼、转转的平台级入口，在更加场景细分的得物、多抓鱼中去捕捉新品类机会。它来自小众和圈层不断深入所形成的知识图谱，在专业、兴趣、知识形成的社群联系中，完成"一切皆可流动、万物皆可鱼塘"的新场景定义，比如多抓鱼进入时尚产业就是意料之外、情理之中的战略动作。

随着消费的理性化趋势，面向习惯于信息透明和主张聪明消费的年轻消费者，故事化的感性营销逐渐面临失效，围绕以科学成分、可追溯、供应链透明等要素的新叙事策略更有意义。对新生活方式品牌而言，理性营销策略意味着品牌势能的共建路径。理性营销，是更加可视化和可信任的用户关系建立，也是"产品是最重要的品牌"的鲜明态度。

4 可持续家庭，以家庭为独立系统 ID 形成场景解决方案

不是停留在家庭成员之间的账号相连、设备相连，而是家庭作为独立系统 ID，以数据持续改进家庭联系，智慧动态感知空间要素的新生活场景。我们所理解的可持续家庭，建立于智慧家居设备网络、语音交互、订阅模式、家庭有效时间构成可持续家庭的场景表达。围绕可持续家庭新场景，社交平台、内容订阅、云存储都是重要的需求信号；智能家居、睡眠定制、饮食管理、代际关系，也都是可以无限细分的真实场景。可持续家庭希望传达的是可持续幸福，智慧家居希望沉淀的是让人心安的平静与智慧。

5 找到细分场景，成为可持续商业"新基建"

可持续商业，意味着供应链的每个环节都面临系统重建，也意味着更多企业有机会成为供应链的新价值要素。率先开发小场景，提出解决方案，继而分发解决方案，在可持续商业的范式转移中成就自己的"新基建"角色。绿色包裹、环保材料库、时尚环保供应链设计、产品循环咨询服务、可持续消费教育、循环设计、儿童友好、宠物友好……未来，每个公司都是独立自洽的循环小生态系统，也在共同建设可持续商业的融合场景生态。

6 可持续运营，实现社会价值和商业价值的平衡

可持续运营，重要的是产品的迭代能力和商业模式的进化，始终根植于在地性文化，始终与社区、城市和时代精神积极联系。一个视角是互助模式的演化。后疫情时期，无助的场景将"互助"放大。"互助"这个中国最古老的社会认知，借助数字商业的工具和不断的场景细分，演化为自组织的商业模式设计，如各种形态的网络互助产品，以社群、直播为基础工具解决生活刚需的社区商业等，商业价值得以推动社会价值的最大化。另一个视角是空间商业的可持续运营。因为在地属性，始终围绕在街区活化、社区更新的社会命题下，以东京中目黑高架桥下围绕地铁通勤场景的街区活化，秦皇岛阿那亚、芬兰颂歌图书馆为代表的社区联系再造，解决具体社会问题与创造真实商业价值齐头并进，是可持续运营的数据本质。

场景纪元

ERA OF CONTEXT

第五章
场景纪元：让随机的生活别有意义

从场景革命到场景纪元，是什么在悄然变化？"革命"意味着破坏，新物种激烈、迅速、频繁地涌现，却未必具备可持续性；"纪元"则是持续建设的起点，场景的可持续形成新生活方式品类，也蕴含着新商业周期的不可逆。

万物车联是新周期的信号，智能车作为下一代移动终端的要素越来越突出。高速流变激发的数据多样性、方案针对性和场景有效性，成为场景互联的符号性特征。场景开发作为这一背景下的关键命题，也成为越来越重要的竞争规则。

以场景互联为原点，在移动互联时代数字化融合加速的过程中所累积的边缘和局部创新正系统性爆发，从数字到场景，新的系统商业思维与方法论正以场景为单位展开，我们进入了场景纪元。

场景纪元的底层逻辑不是结构优化，而是在范式转移的冰川漂移中解决旧问题，发现新大陆。这一章将探讨场景互联与场景订阅的思维与方法，如何潜移默化地贯穿数字商业未来的底层脉络。仍是熟悉的关键词，却因为新周期的持续深入而焕发光辉。当系统数字化被越发夯实，数字生活方式被坚定拥抱，场景，让随机的生活别有意义。

一切都在场景化

场景化的组织：被场景界定的协作形态

移动互联网时代无数 App 都想过"杀死"电邮，以更加即时化、社交化、离散化的产品形态形成某种意义上的取代。

然而美国一家不大的公司 Front，却在讲述一个"电邮永生"的故事。成立于 2013 年的 Front 服务了 5 000 多个客户，包括 Shopify、Y Combinator 和 Flexport。Front 所做的，是帮助企业将分散在不同员工中的客户信息，集成为可以进行流程管理、实时协作的共享收件箱——一个更具效率的团队工作空间。

当可以通信、社交、协作的工具和应用越来越多，不再需要交叉转发和重复操作，企业反倒更需要一个上游"信息路由"，整合来自电邮、各种 App 和网站的客户信息，完整面向团队的统一管理和精准匹配。因为办公工具端口的集成、信息的对称和协作的透明，每个人的生产力通过"共享电邮"这样的新效率工具，得到极大提升。

Front 集成赛富时、Asana、Drift 等 50 多种办公、销售、电商、社交、邮件应用，让所有的信息更新与任务安排都在一个统一入口，一目了然。支持企业个性化定制的 API 接口的开放，使得不同场景的信息与服务集成，以及特定数据的提取变得更具效率。Front 以场景协作的新模式革新组织——组织正在成为场景化的组织。

全面场景化，要求每个组织场景具备更加完备的解决方案，也让场景开发与个体的数字生活方式关系越来越紧密。企业微信、石墨文档，以及微软 Teams、思科 Webex Meetings 都在重新分配组织时间，交付新的协作形态。

场景纪元的未来个体与组织形态，可以理解为"场景社群"，或者"场景人"的"场景联合"。越来越带有"暗号"性质的场景纪元，是不同场景和亚文化衍生的价值观归属。一切商业进化的背后都有

Front 的［共享电邮］

组织与协作形态的进化，其核心是场景化。个人、组织、数据，都被卷入"场景纪元"，先是"数字化"，然后进一步，从"数字化"到"场景化"。

○ 新效率工具：释放个人生产力的场景基础设施

场景的灵活性、流动的稳定性、认知的个体性，指向每个"场景化的人"和数字商业，都需要不断提升效率，形成交互、匹配、连接等层面的认知节奏。

"新效率工具"应运而生，其特征为：善用数字基础设施，掌握新生活方式的技能和工具，找到对于个体更加闭环、稳定、高效的存在姿态和生活日常。辛巴在快手 13 亿元的带货成绩，是快手效率与供应链效率的共振；薇娅直播卖火箭，是淘宝直播效率和谦寻 MCN 效率的合流。

各种场景维度的"记录基础设施"推动内容创作的低门槛与模块化，凭借"零门槛的内容生产体系"和"发表平台的简易属性"为大众熟悉、信任和采用，从而完成更多作品的"创作自组织"。短视频、直播带货、微录等低门槛工具如火如荼，而各种线下场景的信息、内容类效率工具也在被技术赋能，带来全方位更加场景化的数字生活。

记录基础设施在量子化层面满足每个场景缝隙的效率需求。仍以快手为例，除不断开发教育、美食、时尚等场景，快手还陆续推出针对不同圈层、不同场景的新产品。比如，"态赞"和"青春记"，布局更为细分的短视频兴趣社区；"早安看看"面向中老年群体制作音乐相册；"毛柚"致力于打造宠物UGC（用户原创内容）短视频社区。

不仅之于个体，稳定场景接口与场景覆盖的记录基础设施，对于企业也是重要的发表平台。2020年初，钉钉以UP主的身份入驻B站，依靠鬼畜视频强势出圈；路易威登首次入驻小红书企业号，以"企业级直播"与美妆时尚博主一较高下；华为 P40 发布会与知乎联动，从产品到话题，从专业解读到大众讨论一气呵成。企业作为独立 ID，开始不断活跃在新的平台，贴近用户，全方位传达品牌价值和理念。B 站从一个小站逐渐主流化为一家百亿美元市值的公司，与大公司争先恐后的入驻不无关系。

新效率工具以更敏捷、智慧、灵活的需求响应机制，完成与场景的精准适配，极大释放了个人生产力。正如拼团、秒杀、社群、直播、云交互的日常要素化，在适配场景多线程与复杂性的同时也让线性生存法则从此远离当代人。效率工具的迭代和进化，被不同的生活观念和意义寄托所驱动，就成为我们所说的"场景化的人"。比如在油管上爆火的费玉清《一剪梅》何尝不是曾经在 B 站爆红的"局座"，不过今天他的名字可能叫何同学，叫罗翔。

○ 以场景为基本单元的新商业纪元

从万物车联到场景互联，从场景开发到场景订阅，我们看到了一个还未充分准备但又不可逆的新商业，它以场景为基本单元。不仅是人、货、场，场景化的组织、场景化的数据等各种新的参数耦合，场景因为递进、嵌套、细分，呈现出明显的波粒二象性。

为什么是场景纪元？表象上，是因为每个个体、组织的场景开发能力，成为时代进化的核心竞争力。而借鉴《复仇者联盟》的灭霸思维，可能因为只存有可感知的场景，似乎稍纵即逝，又真实、具体、永恒。场景纪元的商业价值衡定，可以进一步理解为场景开发数量、场景存续周期和用户有效时间分配等指标的综合。

场景开发数量——不是多场景的堆砌，而是判断多场景构建的知识图谱，能否完整解释一个全新品类的生活方式，正如前文所述的"多场景涌现新场景"。

场景存续周期——不仅在于对需求真实性的定义和对需求变化的即时性满足，更在于占据何种场景生态位，能否成为商业价值链不可或缺的一环。拼多多的"百亿补贴"是场景，但如果没有反向进入供应链，不涉足物流和新品牌，百亿补贴的存续周期就很难成为无限游戏。

用户有效时间分配——既要成为用户的连接阵地、品牌建设阵地、产品研发阵地，还要成为数字生活方式的必备底层，分配已有用户有效时间，更要以精准的场景数据，洞察更多商业可能，规划新的有效时间单元。说到万物车联，通俗地说，玩智能手机的一代人在新的10年玩的将是智能车，比如智能网联、智能驾驶舱、车联网、自动驾驶，不一而足。花样繁多的称谓难掩移动的人与全面场景化

Beyond Meat

的人的实质。我们的时间认知变了，这里有新的韵律、新的节奏。

品类的起落，模式的跌宕，正在于这些指标的弹性变化。从场景开发的角度，算法、供应链和解决方案自然是重要关键词，而场景贡献度则成为新的衡量标准。以场景为基本单元去透视，商业的一切都在于具备"场景定价体系"，而不再片面地重视 ARPU 值（每用户平均收入）或 LTV（用户生命周期）。TJX、唯品会就是典型的特卖场景品类型公司，与 Beyond Meat 人造肉、Oatly 燕麦奶一样，总有一种场景会取代牛油果和羽衣甘蓝。

从场景到数字，再从数字到场景，场景已不再是互联网产品营销和空间商业设计的数字化认知，而是以更清晰的商业模式成为数字商业进化为场景商业的动力引擎。

场景复活的「共享」

全面场景化的背后，是各种生态开放、高效协作的新基础设施逐渐完善。场景互联也让许多旧大陆存留的问题在新大陆的冉冉上升中找到答案。曾经的不成熟，曾经的局限性，甚至曾经的"伪命题"，因为新场景的开发得以被心平气和地重新理解。

○ 共享，未来商业模式的必备要素

首先值得重新审视的，就是"共享"。2020年发生了许多相关事件：疫情期间各种别开生面的"共享员工"；上汽通用五菱迅速跨界生产口罩——"人民需要什么，五菱就造什么"；美团再次大举入局数次"攻城"的共享充电宝……

这些起起伏伏释放的信号预示了"共享"成为数字商业的重要模式要素和基本配置，并在场景互联中不断释放新价值。与其说是应激的模式复苏，倒不如说其价值早已渗入商业肌理底层，从未远去。

2016年的共享单车大战，将"共享"一词首次放大到公众面前，随之而来的共享充电、共享雨伞、共享办公、共享汽车等，虽然大多溃败退出，但共享经济的意义争论不绝于耳。尤其是在WeWork上市折戟后，似乎讽刺共享成了政治正确。所谓的共享，真的只是一朝一夕的概念、风口吗？或者说，我们是否要用静止的视角，去具象地理解某一家公司和某一种模式，而不是长期、动态地去发现其本质价值？共享所释放的商业信号，正是全球无处不在的潮流，一直都在不同的场景中渗透、演变，从而得到更具创造力的发挥。

譬如，致力于探索"从A点到B点"移动出行解决方案的优步，不只是单车、滑板车，还将低空飞行也纳入共享出行网络的考量。优步与现代在2020年国际消费电子展上宣布合作开发电动"空中出租车"S-A1——一种直升机式垂直起降的四人电动飞机，专为城市短途旅行设计，计划在2023年实现商业化，并推广到试点之外的更多城市。优步垂直起降项目负责人介绍说，"只有优步能将乘客从汽车、火车甚至自行车，无缝连接到飞行器"。

优步与现代汽车在2020年国际消费电子展上发布的"空中出租车"S-A1

现代与优步的合作计划，涵盖三种创新出行模式。除以 S-A1 为代表的城市空中出行，还有地面的"个性化定制车型"PBV，以及两者联手构建起的智能城市交通中央枢纽 HUB。关于 PBV 有个有趣的表述：所有生活方式的移动出行解决方案。如果将充当音乐厅、电影院和博物馆属性的 PBV 聚集在一起，HUB 将转变为文化综合体；如果连接的是诊所、医生办公室和药房形式的 PBV，HUB 则将成为医疗综合体。

相似思路还有丰田的模块化移动出行平台 e-Palette，可定制为酒店、餐车和流动医院等多种用途形式；通用汽车发布的共享出行自动驾驶汽车 Cruise Origin，使用模块化结构设计，底盘可以根据需求搭配不同车身形状。

如第一章所述，以组件化、通用化设计满足不同场景需求，正成为数字化的车的发展趋势。共享在万物车联中表现出底层要素的关键性，不断创造着全新的城市治理与公共服务效率。而对于共享的正确认知，在于意义驱动的价值观推进者和利他表达者不断地解决新问题。在软件吞噬一切的场景时代，车的硬件化组件越来越无足轻重，个性化被可穿戴设备和超级 ID 驱动，内饰、内容、服务才是一切。

。以共享模式，应对不断涌现的"小问题"

共享经济更加灵活的深入应用，本质是从 SaaS 形态到 B2B 服务创新的新协作。新的问题成为模式基础，数据智能则成为共享经济的破局点。共享经济深化趋势下，用户机制、场景效率、服务模式层面发生的深刻变化还在发酵。

有赖于长期的基础设施建设，社会化的物流体系效率初见成效。物流快递体系和外卖配送体系，共同完成了毛细血管级的进一步社会化。"你中有我，我中有你"的相互协作生态，不仅有效支撑着新商业网络，也逐步助推终端交付形态的进化与革命。

协作的基础设施化在中国商业发展中越发成熟，电商、物流以及前置仓为代表的便捷服务网络和低门槛内容生产工具等都在逐步完善和成熟，实现更多进一步打通的可能。越来越多曾经高门槛的产业要素变得标准化、模块化、插件化，成为新协作生产力的底层支撑。

从物流、汽车到娱乐、办公，无论行业轻与重，新协作都是生产力，都会带来全新的思维认知。这种新协作不仅要去主动对接上游的接口、接口协议，也要定义下游使用者的接口、接口规范。强化业务与场景拓展的接口能力，实现更开放、更多元、更丰富品类的高效配置，以更好的姿态整合嵌入产业链。苹果被欧盟要求去除自身Lightning接口，采用最新标准的Type-C接口就是一个典型的小场景问题。

从我们熟知的空间、物品、出行，到共享订单、共享物流、共享人力资源，甚至共享产业链元素，尤其是共享数据，这些伴随商业发展而不断演变的"共享"，可理解为解决问题的"问题经济"，或曰"意义经济"。从单一形态，到产业形态，再到组织变化，共享的新游戏规则是开放能力。

"共享"正在解决数字商业的"小问题"。毫无疑问，还有更多新的"小问题"正源源不断地涌现，但这些"小问题"其实都是大问题，精准厘清和解决这些问题，成为共享的模式基础。

资源的点状和离散化实属正常，但当问题更加真实地浮现和凸显，则可以运用共享模型来解决，这就是商业模式——效率的共享属性应该被更多人采信和采用。共享经济的深化还大有文章可做，但前提是找到"小问题"。在防止生物病毒的同时，数据病毒更应该被警惕，数据安全是真正的小问题和大产业，类似亚信安全这样的公司才刚刚开始自己的"演出"。

我们正在进入商业的"病毒纪"，数字化赋予新动能的同时，也创造了诸多不确定性。设备需要共享，数据需要共享，业务需要共享，场景需要共享，唯此方能以解决"小问题"的确定性，来对抗场景商业的万般变化。

无处不在的场景解决方案

理解分布式，就是理解场景化的人与无处不在的解决方案。万物车联并非完全中心化的结构，而是以数字化的车为核心节点的网状连接分布式场景。智慧化和快速空间位移的特性，使场景之间的互联互通不再是单纯信息与内容的传递，而是动态的所见所得和即用即走。

下一个 10 年，5G、传感器和 IoT 设备等的广泛部署，将为分布式的场景解决方案奠定坚实的数字基础。从技术到商业实践，分布式作为有效的思维范式，在场景互联时代被更加深入理解和应用。从分布式 AI、分布式能源，到分布式订单、分布式人力资源……围绕社交网络、边缘计算、深度供应链，以"分布式价值"为底层逻辑的新物种正在各个领域爆发。

◦ 分布式 AI：每一个边缘需求的精准匹配

在深度拥抱数字化的今天，越来越多的企业开始重视数据驱动。不同于云计算在云端的长周期数据分析，边缘计算侧重于实时、短周期数据的分析，能更好地支撑本地业务的即时处理。

譬如分布式能源，我们谈论的"新机器"是被网络定义的机器。网络和算法定义每一次能源的消耗、每一个设备的动作，以及本身的数字化运维。这些都不再是中心化的暗箱操作，而是更加精准的彼

被网络定义的"新机器"

此校正和模型优化。远景能源在风力设备的分布式阵列尝试就是典型案例。

美团外卖在 2020 年初上线的"无接触安心送"服务,围绕厨师、打包员、骑手的健康情况及餐箱消毒情况等,将这些分布式的安全数据可视化,同时经由骑手和用户协商,确定餐品放置位置,避免面对面接触。配送系统的终端,开始拥有了决策权。

因为疫情带来的健康安全问题(出行轨迹、潜在接触人群)排查,单一数据源显然难以支撑如此浩大的工程,通信服务商、AI 摄像头、智能出行平台、地图应用等数据源的协作优势得以凸显。分布式数据的价值,还带来区块链技术的加速应用,尤其体现在农产品、餐饮原材料的溯源追踪等方面。

足够多的数据节点连接,将构建越来越完整且可追溯的用户画像、居住形态、出行图谱和产品画像,推动商业更透明化,产品更安全化。分布式数据的应用，将在更大范围内发挥效率价值。

随着越来越多新消费品牌的崛起，供应链体系和原本理解的店铺模型被重新解释。中心化的爆品已经成为过去时，分布式的流量与分布式的订单已成为新常态，其背后更加柔性的供应链正以分布式 AI 匹配用户需求。

以分布式 AI 完成"货找人"是拼多多、京喜、淘宝特价版的逻辑，也是各种社交拼团、直播电商的逻辑。貌似正在不断下沉的游戏裂变，其实已经是隐含了 AI 商业解决方案的新规则。

◦ 被分布式重新组织的"传统业态"

日本京都 2019 年开业的分布式酒店 Enso Ango，住房和饭店功能设施分散在街区五个分散的区域。这样的分布式布局，让住客可以深入探索本地文化，促进与在地社区的互动。这一过程丰富了酒店的意义：从居住进化为在地性探索，形成与当地文化的关联、挖掘和亲近。

首尔、东京、柏林也有类似新业态，重资产运营的传统酒店业，借助智能设备和社交网络，实现分布式体验设计。由此观察美术馆、博物馆、商业中心，甚至办公室、书店，通过社交网络和连接体系设计分布式解决方案，或将成为线下空间商业的常态性风险解决机制。

传统业态在以分布式的数字化触点建立更完整的用户数据体系——商业空间整体入驻电商平台和社交电商，引导帮助品牌商户完成触点建立——的同时，通过联动线上运作与策划，可打通不同品牌间割裂的线上线下数据，构建更完整的数字化用户画像，赋能入驻品牌，并提升入驻品牌的坪效。

对前置仓商业的全品类化而言，按照分布式设计的思路，无论是写字楼、买手店、商业综合体还是购物中心，都可以成为前置仓商业的品类扩展方向。健身房不仅卖卡，还可以是生鲜自提点，健身后把菜拎回家也是恰当的情绪场景。

从更大的视角来看，分布式设计的商业思维，支撑打造闭环场景的服务体系，不仅在于场景的串联，更在于体验的闭环和服务效率的提升，这是场景算法化的必然。

◦ 每一个协作节点都成为分布式单元

2020年初，盒马鲜生与云海肴、西贝等餐饮品牌一度试水共享员工，后者派驻员工入驻盒马各地门店，参与打包、分拣、上架、餐饮等工作，既可解决盒马鲜生的突发性需求，又能解决部分餐饮品牌闭店期间的员工成本，可谓一举两得。

共享员工的背后是组织的个体化趋势。后隔离时代的很长一段时间内，仍需重新审视这种分布式特征的长远影响。对今天的创始人和企业决策者来说，厘清组织与个体的契约关系，是对他们提出的新要求。

企业应探索不同场景的模式有效性，找到核心竞争力衍生的场景。对潜力业务的坚决投入，相当于将核心竞争力延伸到不同场景。人力资源也要在不同方向倾斜，通过分布式来防范风险，让每个门店、每个业务都有独立的竞争体系、考核体系，形成分成模型。分布式让每个网络结点都成为独立单元，而不再倚仗中央仓储或者资金集中调配。

从分布式价值的视角看，灵活用工的商业模式将会不断深入。它需要具备平台化的网络，不仅是人的网络化组织，还是协作基础设施的完善，比如电子签名、电子登记、电子扫描、电子合同、电子发票；还需要成熟的在线办公 App，无论视频会议系统、协作文档体系，还是图文和短视频记录系统。此外，关于分布式价值的思考，还倒逼项目管理体系和个性化履约体系日趋成熟。可以预见，以解决方案付费的订阅机制，将在 B2B、B2C 领域深入人心。组织形式变革本身，就能带来生产力的极大解放。

场景DTC：成分、情绪、气质

场景算法驱动的反向定义

"可持续"之于场景互联时代的商业逻辑，在于是否致力于推动社会整体能耗降低，在于是否释放数字商业的观念善意，本质则是能否更加接近"需求链＝供应链"的精准匹配，形成商业模式设计，以需求的精确反向定义供给的不冗余。

这是被重新定义的场景 DTC，是数字时代的品牌效率，更是建立在系统数字化的供应链基础上，以用户应用场景为中心的新商业价值链——更有效率的 DTC 皆由场景驱动。综合前几章的方法提炼，场景 DTC 品牌具有如下特点：

1. 以场景数据为核心。
2. 直击场景痛点。
3. 场景体验优先。
4. 设计场景比数据营销更重要。
5. 基于场景解决方案的产品更新。
6. 从透明供应链到透明生态链。
7. 输出新观念，创造新生活方式。

我们模拟一个典型的小场景与小问题，测试场景 DTC 的可能性。后疫情时代显而易见的变化是，用户对心理免疫的重视，让每个品牌都被诉求"阐明成分"。从"小白"到信息平权，再到更深入的专业分析和更广泛的参与，未来消费者的需求不仅体现离散的个性化，还要求品牌必须有更科学的内容与产品体系。消费景观成为自我情绪的外在映射，从而带来消费者对商品质量和原理的深入探究。人是需要被科学治愈的，用更加科学的方案，以可视化、透明化的成分形态和工艺形态舒缓个体情绪，重新设计"无糖时代""心理免疫"所需要的场景解决方案。

免疫水、能量水因此成为极其重要的细分品类。硅谷的水果水 Hint Water、Dream Water 睡眠水、能量满满的 Recess 苏打水、抗氧化碳酸饮料 Bai Black、有机草本茶饮料 Herbal Fix、无糖低 GI（血糖生成指数）能量饮料 Bio Zest、液体代餐 Soylent、低 GI 奶 UP&GO Energize 等，都不是传统意义上的生理需求，而更多的是心理治愈，从而将特定人群的心理需求变成"科学水"的解决方案。

而在类似心理免疫这样具体而微的场景，还存在着大量机会和需求，以此形成的解决方案和模式设计，被称为"DTC 的场景打造"，指向的则是更加真实的场景情绪、更高效的 DTC 能力、更强的可解释性和更透明的用户价值共建，全新的场景生活方式因此被普惠和强化。

当下美妆行业蓬勃的模式创新，很大程度上来自场景 DTC 的全价值链赋能。我们曾将这一趋势概括为"美妆生产力"，产业全链路，以

HERBAL FIX
ACTIVE
LOVE
RELAX
BEAUTY
FOCUS
SHAPE
Good sleep + collagen suppor
Dream Water
Beauty
with SleepStat Natural Blend
Your complete sleep solution.
Zen Tonic
2.5 fl oz. (74 mL)
bai
Antioxidant Water
Enhanced Water Beverage infused with the antioxidant selenium
1 LITER 33.8 FL OZ (1 QT 1.8 FL OZ)
Good sleep, fast.
Dream Water
Original
with SleepStat Natural Blend
Your complete sleep solution.
Sanitarium
UP&GO
PROTEIN
ENERGIZE
CHOC HIT FLAVOUR
35g HIGH PROTEIN
500mL
17g HIGH PROTEIN
SUPERTEA
Lemonade

「心理免疫」时代的「健康水」

及用户驱动的产业协作，都在发生全面而深刻的变化。Seed Beauty（美国的一家美妆孵化器）可能鲜为人知，但它孵化的美妆品牌 Kylie Cosmetics、ColourPop 却成长迅猛。Seed Beauty 从诞生之初就彻底地 DTC 化是其品牌孵化的核心逻辑，全年 365 天、每天 24 小时获取用户反馈并及时分析，甚至邀请百万粉丝进入产品实验室担任产品研发专家，率先实现"5 天内从概念到产品"的愿景目标。不仅在于供应链效率，更重要的是准确理解，千禧一代消费者的美妆认知在社交网络中养成，所以选择自带圈层效应的 Kylie，以及始终用 Instagram（美国的图片社交应用）定义 ColourPop 的产品研发和运营——DTC

SEED Beauty 孵化的 ColourPop

模式的场景算法，是 Seed Beauty 持续成功的商业法则。

有 110 多年历史的欧莱雅的美妆科技战略也是如此，极致代表是它的第一款用户反向定制产品"零点面霜"。这款产品针对熬夜人群的场景痛点，与 1 000 名消费者用时 59 天完成共创，实现"从 0 到 1"的全路径反向定制，也以此开启针对细分场景的美妆 DTC 模式探索。此外还有很多，比如 Lady Gaga 与亚马逊联合推出的美妆品牌 Haus Laboratories，LemonBox 通过健康数据定制每日营养补充包，里性内衣完成个体的算法化……DTC 的场景打造，不仅是品牌效率，更是用户驱动的可持续供应链系统和可持续价值创造。

○ 场景 DTC 与"场景道德"

以场景 DTC 去理解，大量新消费品牌当下以及未来"雨后春笋"般的崛起，在于供应链的高效匹配，以更加数据化的智能网络协同，围绕场景化的人，实现从"数字镜像"到"数字孪生"再到"场景融合"的价值传递。

作为场景时代新观念品牌的商业法则，场景 DTC 的本质是"决胜以人为核心的供应链"。以高度场景化和品质极致化，表现出高效触达用户、高速反馈数据和高度场景化的价值。

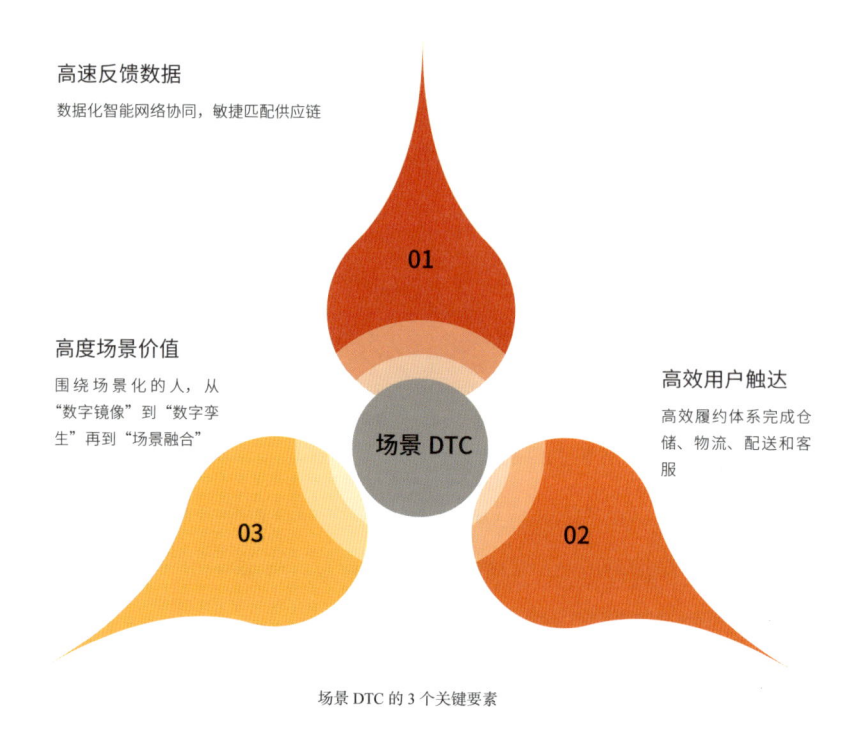

高速反馈数据
数据化智能网络协同，敏捷匹配供应链

01

高度场景价值
围绕场景化的人，从"数字镜像"到"数字孪生"再到"场景融合"

高效用户触达
高效履约体系完成仓储、物流、配送和客服

场景 DTC

03

02

场景 DTC 的 3 个关键要素

对前端需求场景的采集，通过敏捷算法，导向供应链的规模化定制，再凭借高效的履约体系，完成仓储、物流、配送和客服。而所谓"人、货、场"的边界已被数字化深入的新范式全然场景化。

"成分、情绪、气质"成为场景 DTC 品牌的关键词：

成分——定义用户的知情权。场景 DTC 品牌必然是数据透明、流程透明、价值透明的合一。

情绪——是场景氛围，是体验的专注度和独特性，已成为超越产品功能的价值指向。如 Clubhouse（音频社交软件）用高质量的纯粹语音社交创造的"云公共空间"交流氛围，让"氛围比信息重要"成为新一代社交产品的体验探索方向。

气质——圈层属性的抽象提炼。气质是产品价值、体验细节、品牌内涵的深度融合，是共同成就用户心智的代名词。数字信用就是自身的 IP 化。

如果说文字是聪明人的筹码，那么场景就是创始人的筹码。新的"场景道德"界定场景的认知边界，也诠释着新消费品牌崛起的本质——控制、克制与自制。

"道德精选"品牌的 6 个规则

1 理解"数字单身",形成灵活敏捷的个体化新供给

2 以连接普惠激活"下沉"新链路,找到新品牌、新品类的诞生机会

3 买手店全品类化,形成专业主义消费新入口和近场买手机制

以场景化视角审视个性化的规模化,从"小量订单"到"一人份",驾驭某种需求品类的个体化,形成新供给的敏捷响应。数字单身不只是更匹配一人场景的食品、电器、家居,而是更加个体友好的自助化体验的全场景渗透。当数字单身成为主流生活场景,更要以智能化的个性定制,来定义"数字单身"的精准匹配。

立足数字商业的观念普惠,以低门槛、裂变式的加入与交互,激活 DTC 品牌下沉新链路。从小镇青年到超级大众,从拼工厂到家乡好货,从中国到全球,成就下沉链路新范式的就是:以混乱涌现,以连接创造。

打造一切皆可"买手店"化的专业主义消费新入口和"前置仓"化的近场买手机制。线上线下触点的全面覆盖,以及直播、短视频等社交平台的灵活运用,其深意不仅仅在于营销布局,更在于建立用户驱动的选品机制。无论时尚奢侈品还是日常生活品类、零售还是本地生活服务,买手店代表的精品逻辑与生鲜电商的前置仓逻辑都在全品类化。未来商业地产将成为买手店与前置仓的集合场,在线上则是以商场 IP 为统一出口的精选电商。

4 "国潮"消费品方法论：善于新基础设施利用与场景协作

5 供应链品牌正在成为数字品牌建设的主流模式

6 参与式共建的反向定制通路，完成科学叙事的IP打造

善用互联网基础设施，擅长供应链与平台协作，成就了新品牌建设的中国式效率。譬如社区拼团、直播电商，不在于降低营销成本，而在于重新组织"货"——立足强大的"小量订单"能力，打造高效用户触点，定义新的履约体系，满足社群化的需求表达。

这个时代所定义的供应链品牌，不是供应链的规模优势和速度模型，而是"需求链＝供应链"的量产效率，面对精准需求场景和用户需求的透明传达，反向驱动品牌的建设路径。无论B2C还是B2B，只有不断坚持从供应链到生态链的不懈深化，才能长出对抗不确定性的全新竞争力。

自组织、用户共建与游戏化机制——这个时代用户定制的反向通路，需要成为每个数字时代的品牌必须掌握的用户规则。越来越多的小兴趣、小认知、小标签，借助成熟的互联网工具自发完成组织纪律与运转机制的构建。这种用户的参与式共建，以社群形态构成经济活动的基本单元，相对既有营销渠道与用户机制，更加灵活抗风险、短链强反馈。

场景纪元

ERA OF CONTEXT

后记

人是场景，仍在延伸

铺陈所有，我们对场景纪元本身仍知之甚少，只能通过在想象的边界探寻并试图描绘。当从更广域的范畴去看系统数字化与场景互联，城市更新与媒介融合会彻底改变生存法则和操作习惯，机器同理心成为数字人文科学的关键课题，而我们自身也将被数字化更深一步地塑造和改变。

常态的移动，流变的生活。在这本书的结尾，我想从几个具体而关键命题的思考出发，描摹场景纪元的持续性与创造性。

○ 城市更新

从古雅典到班加罗尔，从 8 世纪的巴格达到今天的硅谷，城市经历过无数次巨变和转折，这些转折点定义了现代城市的要素和精神。我们也正处在这样一个转折的当下，数字化以日易月更的速度重新构建城市的基底，城市即将成为最大的体验节点。

智能城市的定义是数字化的综合城市空间，但我们一定不能将其看作城市中的空间和建筑。真正的城市是由人而非混凝土组成的，人的关系网是城市最早存在的网络体系。而当这个网络可以被呈现时——城市中每一个人的每一项行为和互动都会生成数据并被记录，数字镜像城市也随之诞生。建立在数字系统之上的城市信息环路将取代高速公路，成为城市的血管和脉络。

在信息革命的开始，很多人曾有过大都市瓦解、人们居家工作的田园牧歌般的愿景，而网络社会学家曼纽尔·卡斯特尔却预言：信息时代的城市不但不会瓦解，反而会进化为巨型城市。技术从来没有改变过人类最基本的社会属性，20世纪发达国家的郊区化可能只是工业城市的短暂岁月。

今天我们所寻求创造的，是一个巨大的城市级别的信息系统：每个环节都协调一致、有条不紊、高效率地持续运作。支持这个系统的是管理数字化城市系统的标准协议，是普适计算的城市网络生态环境。场景互联将在城市空间中前所未有地创造出现实的互联网结构，物理空间将成为网格化的单元，实现城市从数字端到现实端的再构。

数字技术正变得越来越不显性，以渐变、浸润式的扩散，慢慢与我们熟悉的真实环境融为一体，形成"虚拟—现实"系统：能够体验，能够生成数据，也能够做出响应。我们已经能看到一些这样的案例，当静态的大师作品与数码声光电装置交互共存，策展式数字化空间会成为城市更新最好的佐证。比如，东京涉谷 SCRAMBLE SQUARE 无缝沉浸的"虚拟—现实"并行体验，新媒体艺术家里奥·维拉瑞尔用数字光影重新点亮的泰晤士河。艺术和审美不可避免地成为人们在数字时代最后的栖身之所。当数字技术融入历史、建筑、商业、社会，甚至地形、水流等自然要素时，形成基于在地性动态发展的审美体验，公共空间的艺术价值也将因为这种交互而变得意义非凡。

城市更新同时伴随着商业进化和社区生活的重构，从指纹、人脸识别到家庭能源存储与管理开始，我们会看到数字化社区如何颠覆、改变每个人的居住生活体验；消费环境真正实现"所见即所得"；普适计算使得个人和社区有机会取代工厂或企业，成为新的生产和创意单元。数字化加大了新思想带来的回报，也同时加大了面对面合作带来的回报。人作为社区的主体，通过环境变化改变自身的行为方式。更加广泛的人群可以参与社区的决策和运营，更多自组织涌现。自下而上和自上而下两个系统的合并，意味着参与式环境设计成为对城市空间塑造的新效率形式。每一个人都是嵌入分布式传感系统的一个节点，城市的记录将成为社会的记录，完整的可体验城市就是未来人们的群体记忆。

○ 媒介融合

一切设备都在数字化，其形成的屏幕网络和交互系统让我们无时不在信息流中。屏幕支撑着整个比特世界，不可抗拒，它给所有人带来了持续连接、不断分心和永不孤独的感觉。我们越来越无法忍受延迟和一丁点的滞后，信息必须在搜索前就已经到达，行为及其响应必须近乎同时发生。

媒介，或者可以理解为技术的界面。只要配合可能的硬件，未来任何真实物体都会变成用户界面，实时与信息流和增强现实连接，人机双方互相成为彼此的接口。此时技术本身便不再重要，因为我们始终在意的都是信息和内容本身，比特网络仅仅是与现实世界进行交往互动的介质。但麦克卢汉所言的"从社会意义上看，媒介即信息"，解释了任何媒介对个人和社会的影响，都是由于新的尺度而产生，最强大的影响就是改变人的关系与活动，使其形态、规模和速度发生变化。从这个意义上看，媒介的确包含了内容。而数字化使原本不同速率和强度的媒介得以连接和融合，内容的形式也必然随之变化，越来越"柔软"和具有流动性，可以被轻易解构、重新编辑，一切意义也都随着媒介的加速运动而发生变化。

一直以来，理念代表的世界存在很容易达成一致的判断，而主观世界，比如个人的思想、情绪、偏好却无法达成一致判断。真实隐匿于表象之下，不同预设带来的理解也不尽相同。媒介融合则可能会改变这两个世界的不对称性。

新的媒介改变人的感知速率和强度，"后人类"这个术语本身描述了一种存在：技术成为人类与生俱来的东西，而不是通过后天安装来获得。由于我们所处的世界发生了根本性的变化，使得"人"的属性也发生了改变。数字系统可以与"人"这种生物体无缝集成，媒介不再只是"人的延伸"，而是真实地成为人的一部分。可穿戴设备的"量化自我"已不再新鲜,虽然通过智能终端流转的个人信息量级与整个网络的信息流相比不值一提,但这些自带位置信息的介质本身成为人的共生体。双向信息管道的结果是人与网络融为一体。

当越来越多的"身体"开始联网,集体性的量化自我也成为可能。数据超越个人范畴,可以解释更加广泛的人类模式。是否可以通过群体的行为模式来预测个体,也许会是我们需要讨论的下一个话题。

借助媒介的融合,我们创造了一种动力,这种动力可以储存和转换,如同将一种语言翻译成另一种语言,但传递的信息本身并无二致。不仅仅是3D打印通过编制程序再造自然世界的素材,更重要的是整个真实世界的场景可以反向复制进比特世界。正因如此,我们才得以真正地跨越现实与虚拟的鸿沟。

○ 机器同理心

工具的使用史即人类的进步史。工具从来都以被人类控制的方式而存在,但当我们开始谈论数字化的设备,场景纪元下的"工具"就发生了根本性的意义改变。与单纯的工具相比,机器是生产流程的延伸和外化,机器的意义不是机器本身,而是人们用机器所做的事情。VR技术自诞生以来,就被赋予能够帮助一个人沉浸地去亲切感受或是通过体验理解另一个人感受的期望，它也因此被称为"同理心机器"。但我们更想讨论的并非机器给人们带来的同理体验，而是在数字社会伦理这一大命题下，同理心作为一个子命题的重要意义。

图灵不曾预见到机器的深度学习能力，今天我们知道机器不必理解信息就可以学会利用信息，输出正确的响应。我们对于机器的直观感受和机器本身的运作模式是两码事。"是否能通过与萨曼莎聊天建立亲密关系？""虐待机器宠物的行为是否应该被谴责？"许多具体的问题在被不断被提出。尽管数字化发展如火如荼，很多人的内在经验形态仍停留在机械式的电气时代。我们并不需要去刻意寻求机器真实化的幻觉，但一定要理解和包容人们彼此对于机器的感受。

系统数字化重塑一切，不管承认与否，人都将成为庞大网络系统的功能组件。以人强化的机器抑或以机器强化的人，将是这个系统中最具竞争力的节点。面对机器，我们无须恐惧，因为机器会越来越有感知力，直至与人类的意识交织共生。而值得担忧的是，人类是否希望像了解机器一样了解自己，以及如何消除心智与机械、情感与工具之间的解释鸿沟。譬如，当我们需要基于机器做出重要的决定，而机器系统的内部操作模式却无法被全部理解，那么我们是否要承担更多道德和法律上的责任？如果说人类是承载信息的物质自我延续模式，那么我们即将走到一个十字路口：对数字化新工具的依赖使得没有它们我们便无法发展,原本的工具选择权在我们自己手中,现在它却成了必需品。这种控制和被控制的关系来自算法而非硬件,我们需要做的不是试图将自身永远定位在控制者的角色,以避免被囿于必然发生的两难境地。

同理心会成为场景纪元的关键词,它包括人对于人、人对于机器、机器对于机器以及机器对于人。当然人类本身仍是最高级的智能系统,但越是高度的数字文明,我们越需要理解人类思维的运作原理——不仅要使机器更好地与人交互和连接,而且要通过人类认知的特点,用人类的行为理论计算约束机器学习过程,让人类面临的权衡成为所有智能主体都面临的权衡,并让人正式进入机器问题的定义之中,使机器拥有对人的同理心。这样,我们使用机器来指导整个社会生态系统,就不只是在谈论人工智能和自动驾驶道路网络,而是关于城市治理的决策、社会福利的公平,甚至是对全球自然生态系统的调节,它可以更加强化有益的连接,得到更好的信度分配函数曲线。

"语言的界限就是世界的界限"。人类对一般描述性的能力远胜于机器,也许这才是最优的人类策略。不仅是在场景纪元之下,我们需要一种新的解释语言体系,能够涵盖从数字伦理、数字产权到数字意识,关于新商业伦理和如何看待人与机器的关系,我们也需要有提高思考能力的新的路径。许多新学科和新范式正在并即将诞生,基于最真实的问题和困惑，我们学习"数字人文科学"将如同学习一个时代的诗歌。

◦ 从场景自由到人的自由

人类的发展史是不断实现自由的过程：农业革命使人类不再囿于寻找食物，一部分人可以去从事维持生存以外的活动，带来生存的"自由"；工业革命以机器取代人力与部分脑力劳动，人类不再是动能的来源而变成了调制器，带来能量的"自由"。而我们今天说"场景自由"，是高速流变的智慧使得物理空间不再成为人的活动限制，它赋予我们永远连接、随时触达的自由。从 Smart Phone、Smart Home 到 Smart Mobility，人类不断跃迁新的意义延伸。

身份更迭与体验细节，流程革命与普适算法；艺术使不可见的可见，商业则使可见的更可得、可感知。当我们思考数字化的人和数字化生活方式真正意味着什么，不仅是"生活在别处"，还在于新的社交关系与心流体验。场景纪元的本质，正是极大限度地深入个体需求，使个性化产生的商业进程更加极致，而"人"始终是最大的场景。

当我们欣然接受数字化所拓宽的自由边界以及重新被定义的自由本身时，我们可以越来越以远离能量源的方式来控制能量。分布式系统的日趋成熟，高度的内聚性和透明性将人们以新型、灵活的结构聚集在一起，使人们不再受空间界限的限制，基于场景产生前所未有的生产力。

我在自序中提到关于两种数字化的问题，人与世界联系的数字化正是万物互联的场景自由，而人的数字化新生人机共存下人的自由。人们每一次获取新的自由，都带来了文明范式的转移。我们需要不被技术诱惑，关注怎样创造场景纪元，而不是创造机器纪元。大量人类行为数据和机器学习的进步，使我们能轻而易举地解决过去的许多难题，缔造出更具效率、更具普惠性的商业，更公平、更透明的社会决策，以及一个机器与人共生的网络文明，一个具有人类感受的数字化文明。任何拒绝或滥用这种新的自由的行为都有愧于这个时代。

人是场景，言之未尽，仍在延伸。

2020 年 7 月